朝日新書
Asahi Shinsho 891

どろどろのキリスト教

清涼院流水

朝日新聞出版

まえがき

日本人が実は昔から接してきたキリスト教

キリスト教は、諸外国に比べて信徒数の少ない日本では、なじみの薄い宗教と思われがちです。世間を騒がす危険なカルト宗教と正統派のキリスト教（カトリックとプロテスタント、東方正教会）がどう違うのかを説明できる日本人は少ないかもしれません（本書では解説しています）。それでもクリスマスやバレンタインデーは日本独自の形に変化し、一種の恒例行事として定着しています。そもそもクリスチャンでなければクリスマスを聖夜として特別視する必要はないはずですが、クリスマス・イヴの前夜を「イヴイヴ」と呼んで心待ちにし、「メリー・クリスマス」は「メリクリ」と短縮され日常語となり、クリスマスにひとりぼっちでいることを「クリぼっち」と自虐する言葉が生まれるほど、少なくない日本人が、つい意識してしまう特別なイベントとなっています。

クリスチャン（カトリック信徒）である筆者は、受洗まで師事した司祭（神父）から、印象的な体験談を伺ったことがあります。ある年のクリスマスに教会の前を通りかかったノン・クリスチャンのカップルが、その時期特有の装飾を目にして、「へー、キリスト教でもクリスマスを祝うんだね」と、驚きまじりに話しているのを耳にしたそうなのです。キリスト教〝でも〟祝うというのは、もちろんおかしな話で、そもそもクリスマスは「キリストのミサ（聖餐式《せいさんしき》）」という意味の、キリスト教の宗教行事なのです。

日本でも近年人気のハロウィンはキリスト教と直接の関係はないですが、クリスチャンにとってクリスマス以上に重要な春の復活祭（イースター）も、東京ディズニーリゾートで魅力的なイベントが毎年開催されるなど、認知度が高まってきました。そうした風潮の一方、信仰と関係なく、「なんとなくオシャレだから」という理由で十字架のアクセサリーを身につけている日本人は昔から多く、繁華街を少し歩けば、どこかに十字架をつけている方を、たちまち何人も見つけられるほど、日本人にも人気の装身具となっています。本来は残酷な処刑道具である十字架が人気のファッション・アイテムとなったのは、キリスト教が世界最大の宗教となり、十字架のシンボルが全人類に拡散されたことと無関係ではないでしょう。

クリスマスの教会は「聖夜の雰囲気を味わいたい」という理由で訪れたノン・クリスチャンの方たちであふれ返り、自分たちの結婚式を模擬的な施設でなく〝本物の教会〟で挙げたい、と願うカップルも多くいらっしゃいます。キリスト教は日本人にとって、そのくらい昔から身近に、あってあたりまえのものとして存在してきました（なお、たまに社会的な問題を起こして物議をかもす、いわゆる「カルト宗教」は、正統派のキリスト教とは根本的に別物です。両者がどう違うのかについては、本書の中で触れています）。

キリスト教のことはよく知らない、と思われている方でも、イエス・キリストや聖母マリア、あるいは、ジャンヌ・ダルクやマザー・テレサといった有名な聖人を知らない方は、滅多にいらっしゃらないでしょう。くわしい話までは知らないとしても、旧約聖書と新約聖書、アダムとイヴ、ノアの箱舟、バベルの塔、十戒《じっかい》、天使と悪魔、「福音（良い知らせ）」と訳されるギリシア語「エヴァンゲリオン」、死海文書、使徒《しと》、最後の晩餐《ばんさん》、洗礼、ミサ、礼拝、カトリックとプロテスタント、神父と牧師、ローマ教皇、聖人と福音者、シスターと修道士、ロザリオ、修道院、聖地巡礼、十字軍、宗教改革、魔女狩り、宣教師、キリシタン大名、潜伏キリシタン（隠れキリシタン）、踏み絵（絵踏）、殉《じゅん》教者《きょうしゃ》……など、キリスト教関連のキーワードを聞きおぼえのある方も多いはずです。

また、国際的な医療活動に従事している赤十字社は、イスラム教国では「キリスト教のシンボルである十字架を連想する」という理由で赤い月のマークに変更され、2005年以降は両宗教に配慮した赤水晶の記号も採択されました。そのように、十字の紋章がキリスト教のシンボルであるのは人類周知の事実で、日本でも広く知られています。

愛憎劇を楽しみながらキリスト教を理解する

新しい分野での初めての体験を意味する「～の洗礼を受ける」といったフレーズのように、キリスト教に関係のある慣用句は多くあります。たとえば、悪事をやめることを意味する「足を洗う」という表現は、仏教由来の言葉だとする説もありますが、クリスチャンにとっては、最後の晩餐の際にイエス・キリストが弟子たちの足を洗って彼らを清めたできごとに、ルーツを見出すこともできます。「狭き門」や「豚に真珠」、「砂上《さじょう》の楼閣《ろうかく》」などの有名なフレーズはイエスが弟子たちに語った言葉ですし、現代社会で多用される「カリスマ」や「タレント」、「アイコン」なども聖書やキリスト教にルーツを見つけられる用語です。そして、日常生活で非常によく使われる「目からウロコ」という表現は、本書でも後述するキリスト教の聖人パウロの個人的な体験に由来する言葉であることが、日本語の辞書にも記載されています。

そのように、キリスト教は昔から日本社会にさまざまな形で溶け込んできたのですが、ノン・クリスチャンはもちろん、たとえクリスチャンであっても、２０００年に及ぶキリスト教の歴史を詳細に把握しているという日本人読者は、決して多くないのではないでしょうか。「自分はクリスチャンになって数十年になるのに、よく考えると、キリスト教の歴史をくわしく知らない」という話を筆者はよく耳にしますし、ノン・クリスチャンであれば、なおさら、キリスト教にくわしくない方が大半であるはずです。

筆者自身も、かつてキリスト教と縁のなかった時期には、その歴史をくわしくは知りませんでしたが、小説執筆のために聖書研究に没頭し続けるうちに、キリスト教の歴史学習もいつしかライフワークとなり、「いつか自分が世界一わかりやすいキリスト教の入門書をつくりたい！」という目標を、何年も前から掲げていました。

人類最大のベストセラーとして知られる聖書への多くの日本人読者の印象がそうであるように、「キリスト教の全歴史を気軽に学べる方法があるのなら、世界の常識、そして大人の教養として最低限のことは知っておきたい」というお考えのある方は、一定数いらっしゃるはずです。歴史を解説する本によくある延々と箇条書きにされた煩雑《はんざつ》な史実を眉根を寄せて読むのではなく、エンターテインメント性のある物語を楽しんでいるうちに、いつの間にか理解を深められるように、キリスト教の歴史に多く含まれる、どろどろの愛憎劇に注目してまとめたのが、本書『どろどろのキリスト教』です。

筆者が2021年に刊行した『どろどろの聖書』は、聖書の中で多く描かれている愛憎劇のみを抽出して並べ、読み物として楽しみながら聖書の全体像を把握できるように設計しました。筆者自身がカトリック信徒ですので、聖書を冒瀆《ぼうとく》する意思は微塵《みじん》もなく、「本家の聖書は敷居が高い」という方たちが、少しでも聖書への抵抗感をなくし、興味を強めていただけたら、と願って構想した企画でした。愛憎劇ばかり集める――という構成に、クリスチャンの兄弟姉妹からは、とまどいの声も聞かれたのですが、ノン・クリスチャンの読者からは「聖書への関心が強まった」「今度は本家の聖書にトライしてみたい」というご感想を多くいただくことができました。敷居の高い聖書への足がかりとなる入門書をつくる、という目標は、満足できる形で果たせたと考えています。

共通の聖典を持つ3つの宗教——ユダヤ教、キリスト教、イスラム教——の歴史の出発点と言えるのは、紀元前2000年頃に生きた「民族の父」アブラハムです。前著『どろどろの聖書』では、アブラハムからキリスト教の教会が誕生するまでの2000年を描きました。本作『どろどろのキリスト教』では教会誕生から現在までの2000年を扱いますので、この2部作で、愛憎劇を読み物として楽しみながら、現在のキリスト教を生み出した4000年にわたる全歴史の概要を、把握していただけます。

なお、前作『どろどろの聖書』では、日本人があまりなじみのない人名や地名に親しみやすくするねらいから、すべて英語名を添えていました。「ヨハネの英語名がジョンだと知らなかったので驚いた」「嘆きの壁の英語名がウェスタン・ウォールだと知り、元々、エルサレム神殿の西壁であったことがよくわかった」といった好意的なご感想も多くいただきましたので、本書でも執筆開始当初は、固有名詞に英語名を添えていました。ですが、シンプルな名前が多かった前作に対し、本書はカタカナの長い名前が多く登場しますので、編集部と協議した結果、煩雑になりすぎないように、英語名は添えないことにしました。

救世主を十字架につけた身勝手な群集心理

2022年現在、25億人以上の信者を抱えるキリスト教は、4世紀にローマ帝国の国教となって以降、千数百年にわたって世界最大の宗教であり続けてきました。聖書の場面を題材とした多くの有名な西洋絵画の影響もあり、「欧米の宗教」という印象を持たれている方が多いかもしれません。確かに、20世紀初頭まではヨーロッパや北米など地球の北半球に信者の多くが集中していたのですが、20世紀から21世紀にかけては、南米やアフリカ、東アジアなど、むしろ南半球での信者数が増え続けています。2000年の時間をかけ、そのようにグローバルに拡散し続けてきたキリスト教の、そもそものルーツは、聖書の中では「約束の地カナン」と呼ばれることの多い、地中海の東岸とヨルダン川に挟まれたパレスチナの砂漠地域を中心に発展したユダヤ教です。つまり、最初は「西アジアの宗教」でした。

現在から約２０００年前——西暦20年代の後半、ナザレという小さな田舎町で育ったイエスという30歳くらいのユダヤ人男性が、パレスチナ地域の各地を巡りながら、ユダヤ教が「天地の創造主」と信じる唯一の神についての新しい視点の教えを語り始めました。大工ヨセフの息子でありながら、「ナザレのイエス」として知られるようになった彼の教えは不思議な権威に満ちていて、当時の人たちを驚かせ、魅了しました。イエスはまた、病人を癒《いや》したり、死者を蘇生させたり、食事を増やしたりするなど多くの奇跡を行《おこな》い、大衆の人気を集めます。当時は医術が未発達で病気を治癒《ちゆ》させるための確立された方法はなく、食料の乏しい社会です。難しい病気を癒し、食事をくれるイエスに人が群がったのは当然でした。現代社会に置き換えて考えてみても、難病を癒したり、無償《むしょう》で食事を与えてくれたりする人がもしどこかにいたら、同じように、たちまち多くの人が群がるはずです。

ユダヤ教のヘブライ語聖書（キリスト教における旧約聖書）には、全能の神から言葉を預かった預言者《よげんしゃ》たちの「やがて救世主が現れ、永遠に続く新しい王国をつくる」という神のメッセージがいくつも記されています。「救世主」や「救い主《ぬし》」と訳される原語は、「油を注がれた者」を意味するヘブライ語の「メシア」で、ギリシア語では「キリスト」です。人々は「ナザレのイエスこそが救世主ではないか」と信じるようになったので、のちの世においては「イエス・キリスト」と呼ばれます。キリスト・イエスと表記されることもあります。

筆者はノン・クリスチャンの方から「イエス・キリストは実在したのですか?」と質問されたことが何度かあります。極めて参考になる事実として、ユダヤ教の聖典「タルムード」に「ナザレのイエスは魔術を用いて民衆を惑わせたため、十字架に磔《はりつけ》にされた」という記述があるほか、イエスの活動記録である4冊の「福音書」は、キリスト教だけでなくイスラム教においても「インジール」と呼ばれる聖典になっており、イスラム教においてもイエスは預言者として正式に認められています。その上で、イスラム教ではムハンマドこそが最後の預言者である、と理解している点が、これら2大世界宗教の決定的な相違点です。

もしイエスという人物が実在しなかったのなら、ユダヤ教やイスラム教は「キリスト教が信じるイエスという人物などいなかった」と否定すれば済む話で、実在しない人物を歴史的事実として聖典に記すとは考えられません。文書が記されたのは後年ですが、イエスの逸話は彼が属していたユダヤ教社会において、イエスの教えの反対派も含めて、当時の人たちのあいだで語り継がれてきたからこそ、文書に残されたのです。

ユダヤ教を信じるユダヤ人たちは、西暦20年代後半のその当時、ローマ帝国の圧政下にありました。救世主イエスが強力なリーダーとなって、ローマ帝国を打倒し、自分たちユダヤ人の王国をつくってくれるはず――そう切望する大衆は、イエスを熱狂的に支持しました。ですが、大祭司や律法学者といったユダヤ教の支配者層は、大衆を煽動《せんどう》するイエスという危険分子の存在によって自分たちがローマ帝国から滅ぼされることを恐れます（これは考えすぎではなく、実際、のちにエルサレムでユダヤ人の反乱が起きたことが、ローマ帝国がエルサレムを壊滅させる直接のきっかけになりました）。

大祭司カイアファ（カヤパとも表記されます）は「ひとりの人間（＝イエス）が民の代わりに死に、国民全体が滅びないほうが好都合ではないか」と語り、ローマ帝国からパレスチナ地域を統治するために派遣されていた総督《そうとく》ポンティオ・ピラトに申し出て、神を冒瀆した罪でイエスを十字架刑に処するように要求します。ピラトはユダヤ教とは無関係であるため、イエスの処刑に乗り気ではなかったのですが、大祭司たちからの圧力に屈して、集まってきた民衆に、イエスの処遇をゆだねることにしました。

イエスがエルサレムに入城した際には、「救世主よ、ホザンナ（ホサナ＝救い給え）！」と熱狂的に迎え入れた大衆は、イエスが無抵抗で捕らえられたことを知ると、「本物の救世主なら、捕らえられたはずがない。奴は偽者《にせもの》だ！」と失望をあらわにし、てのひらを返して、「イエスを十字架につけろ！」と、救世主の処刑をピラトに求めたのでした。

裏切りを経て再集結した弟子たちの教会誕生

十字架につけられる前、イエスには少なくとも５００人以上の弟子がいました。それら多くの弟子たちの中で、「神の国が始まる」という福音（良い知らせ）を人々に伝える使命をイエスから与えられた12人の使徒は、中心的な存在でした。使徒のひとり、イスカリオテのユダは、イエスと12使徒の「最後の晩餐」を抜け出して師の身柄を敵対者に銀貨30枚で売り渡したことから、裏切り者の代名詞と言われます。ですが、「なにが起きようとも、あなたと生死をともにします」と師イエスに誓っていた他の使徒11人も、イエスが捕まった時には、ひとり残らず逃げ出しました。つまり、ユダだけでなく12人の使徒全員が師イエスを裏切ったのです。使徒たちの筆頭格で、のちに初代ローマ教皇と見なされるペトロ（ペテロとも表記されます）などは、「お前もイエスの仲間だろう」と周囲の人から指摘された際、「イエスという男など知らん」と3度も否定したほどでした。最初はイエスを支持していた民衆だけでなく、高弟《こうてい》である使徒たちもまた、てのひらを返したのです。

12人の使徒は全員が男性でしたが、聖母マリアやマグダラのマリアなどの女性弟子たちはイエスが十字架につけられるまでの道行きでも常に寄り添い、彼が天に召《め》される瞬間まで間近で見届けました。こうした女性弟子たちの毅然《きぜん》としたふるまいは、男性弟子たちの情けなさとは、あまりにも対照的です。12使徒の中では、ただひとり、のちに「ヨハネの福音書」と「ヨハネの黙示《もくし》録《ろく》」を記すヨハネだけが十字架上の師のもとに戻り、これからは聖母マリアを母として世話するように、イエスから託されたのでした。

イエスが葬られた金曜日から3日目（＝2日後の日曜日）、女性弟子たちが墓を訪れると、ローマ帝国の兵士たちがずっと警護していたにもかかわらず、遺体は墓の中から消えていました。復活したイエスは、以後、40日のあいだに500人以上の弟子たちの前に何度も姿を現します。しかも、それは単なる死者の蘇生ではなく、生前のイエスが予告していた通り、天使のように空間を飛び越える、霊としての性質も備えた「栄光の体」としての新生だった、と新約聖書には弟子たちの目撃証言が記されています。

イエスが出現したのは弟子たちの前だけだったので、それ以外の人たちは当然ながら、「奴らは遺体を盗んでおいて、師が復活したと騒いでいる」と語り、死者の復活を信じませんでした。ですが、イエス復活が大きな話題となったので、その事件は総督ピラトからローマ帝国2代目皇帝ティベリウスに報告されたことを、護教家（＝キリスト教の弁護者）テルトゥリアヌスや教会史家（＝教会の歴史の記録者）エウセビオスが著作の中に書き記しています。この皇帝ティベリウスは、「神のものは神に、カエサルのものはカエサルに返しなさい」というイエスの有名な言葉で言及されているユリウス・カエサルのことで、彼以後、カエサルは「皇帝」そのものを示す言葉になります。ティベリウス自身はイエスの復活に強い関心を示したようですが、皇帝の諮問《しもん》機関である元老院は、地方から伝わってきたその話題を重視しませんでした。キリスト教がローマ帝国の国教となるまでに、それから350年以上の時が費やされることになります。

イエスの復活は、クリスチャンでなければ、とても信じられない話でしょう。それを信じた人がクリスチャンになるとも言えますし、カトリック作家として著名な故・遠藤周作先生のように、帰天するまでイエスの復活を信じられなかったクリスチャンもいます。ですが、イエスの復活は、キリスト教がキリスト教であるための核心部分であり、そのため、毎年、春分後の最初の満月の次の日曜に行われる復活祭（イースター）が、クリスマス以上の最重要行事だとされているのです。

復活したイエスは使徒たちに「地の果てまで、この福音（良い知らせ）を伝えなさい」と改めて命じると、昇天して消えました。姿は虚空《こくう》に消えて見えなくなりましたが、イエスは「この世界が終わるまで、私は、いつもあなたたちとともにいる」という言葉を残し、以後も、使徒の中心人物であるペトロやヨハネ、パウロたちの前に何度か現れたことが、新約聖書をはじめとする初期キリスト教文書に記録されています。

イエスが捕らえられた時には散り散りに逃亡した弟子たちでしたが、復活したイエスに命じられた通り、エルサレムに集まり、日々熱心に祈っていました。イエスが昇天してから10日後、のちに「マルコの福音書」を記すマルコの家の2階で聖母マリアや使徒たちを含めた120人の弟子たちが集まって祈っていると、天から不思議な力――聖霊――が注がれたように、彼らには感じられました。その時を境に、弟子たちは、別人になったかのように決定的な変容を遂げ、殉教をも恐れない宣教者になりました。イエスが死から復活した西暦30年4月9日の49日後――西暦30年5月28日、キリスト教の教会が誕生したのは、この「ペンテコステ（聖霊降臨）」の日だとされています（イエスが磔《たっ》刑《けい》にされた時に日蝕があったという記述から日付を特定できますが、異説もあります）。

どろどろのキリスト教　目次

第1章 初代教会の愛憎劇 27

第2章　ローマ帝国で苦しむ教会の愛憎劇　

第3章　暗黒の中世教会での教皇たちの愛憎劇　105

第5章 全世界に広がる福音宣教の愛憎劇

帯・目次・章扉・図版デザイン
杉山健太郎

第1章

初代教会の愛憎劇

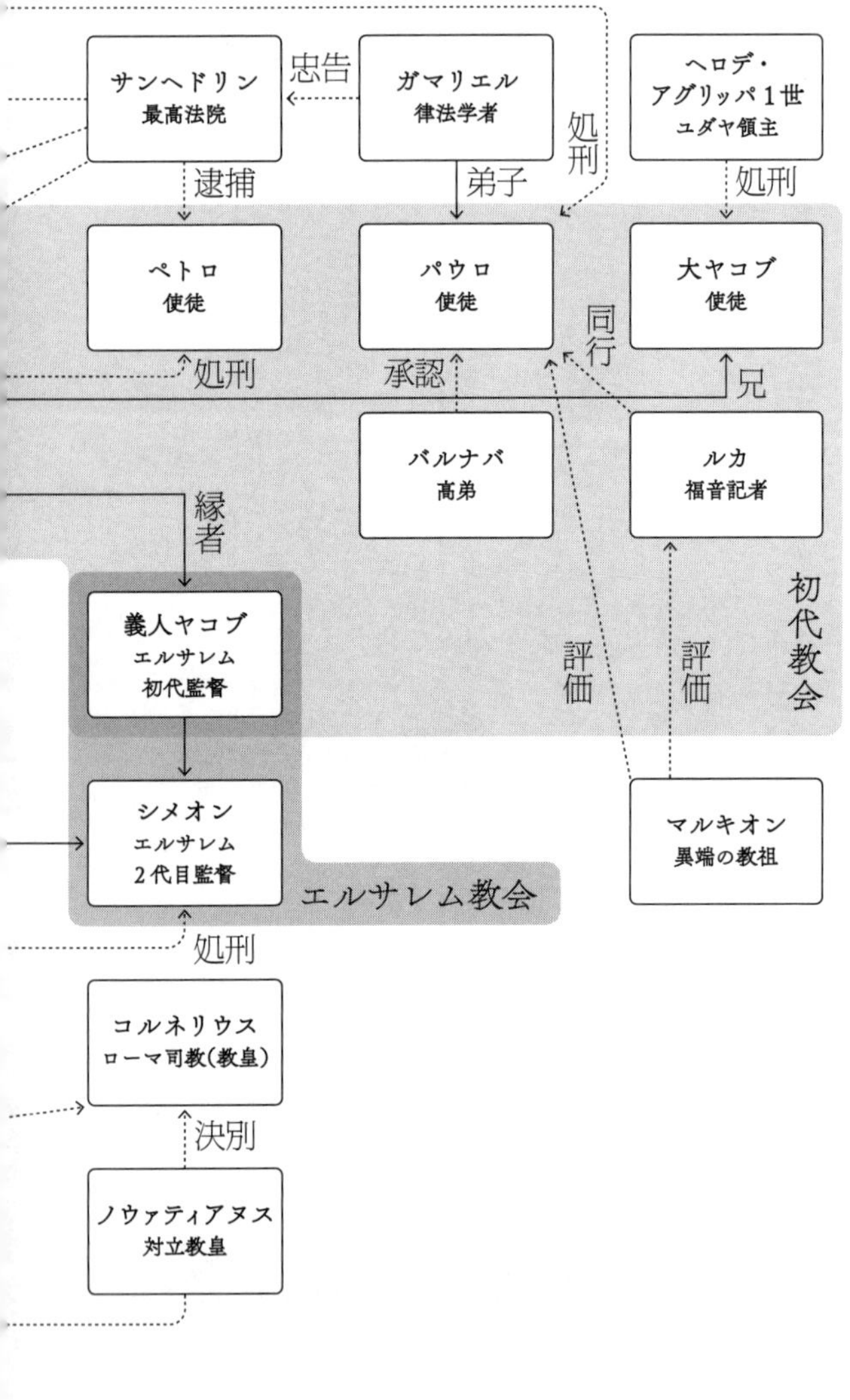
サンヘドリン
最高法院
忠告
ガマリエル
律法学者
ヘロデ・アグリッパ1世
ユダヤ領主
逮捕
弟子
処刑
処刑
ペトロ
使徒
パウロ
使徒
大ヤコブ
使徒
同行
処刑
承認
兄
バルナバ
高弟
ルカ
福音記者
縁者
義人ヤコブ
エルサレム初代監督
評価
評価
初代教会
シメオン
エルサレム2代目監督
エルサレム教会
マルキオン
異端の教祖
処刑
コルネリウス
ローマ司教(教皇)
決別
ノウァティアヌス
対立教皇

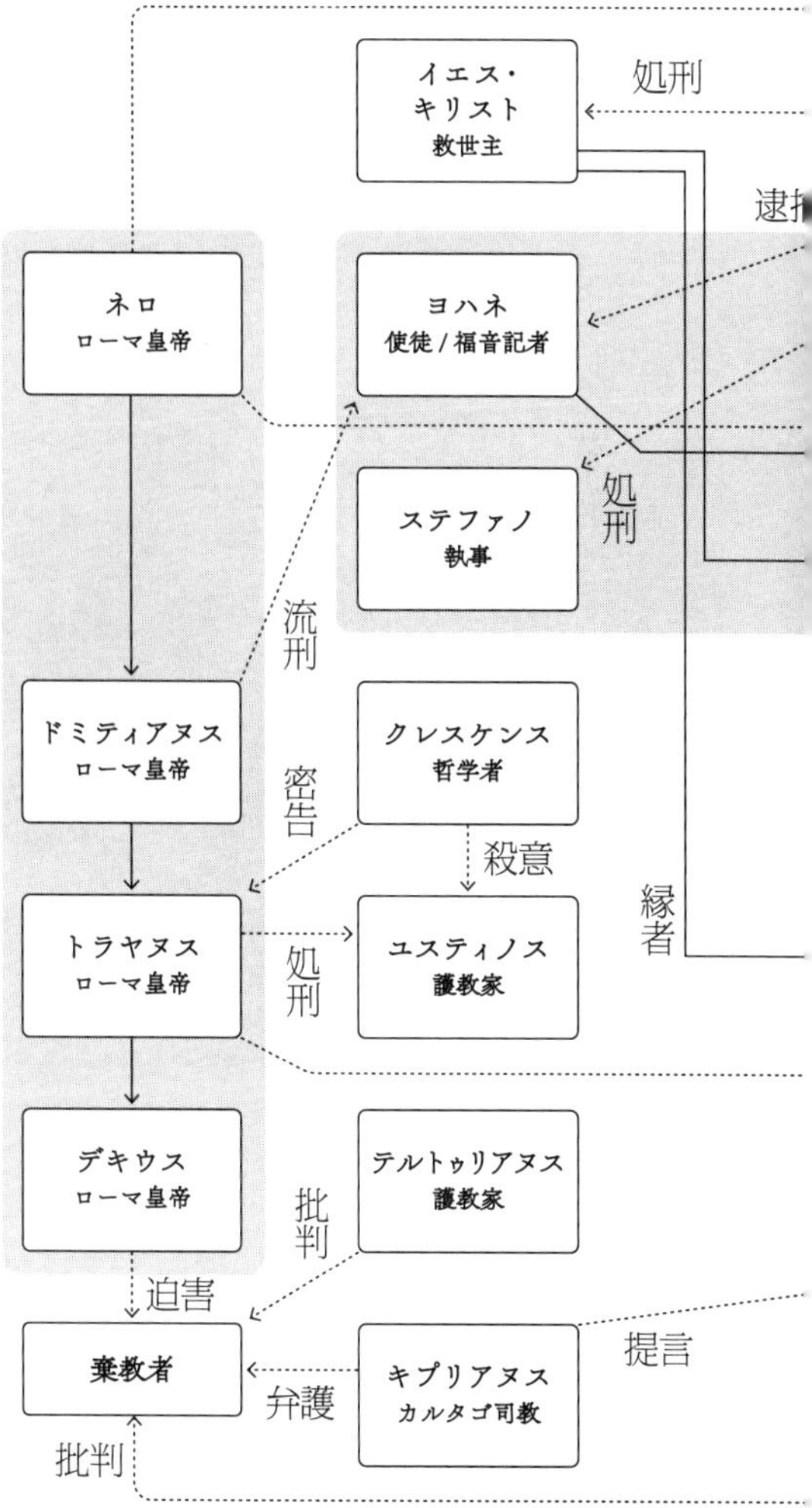
イエス・キリスト
救世主
処刑
逮捕
ネロ
ローマ皇帝
ヨハネ
使徒 / 福音記者
処刑
ステファノ
執事
流刑
ドミティアヌス
ローマ皇帝
クレスケンス
哲学者
密告
殺意
トラヤヌス
ローマ皇帝
処刑
ユスティノス
護教家
縁者
デキウス
ローマ皇帝
テルトゥリアヌス
護教家
批判
迫害
棄教者
弁護
キプリアヌス
カルタゴ司教
提言
批判

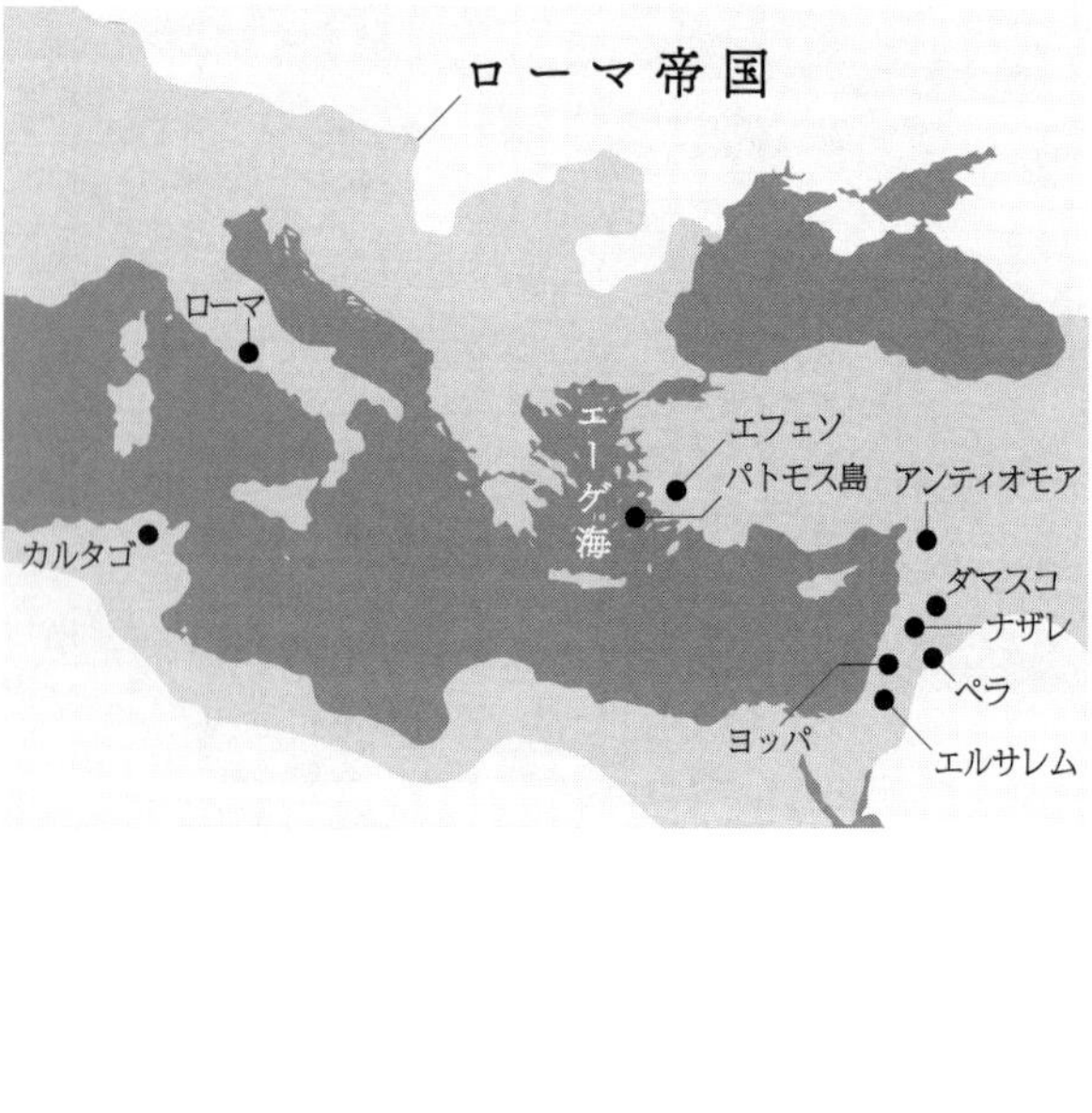
ローマ帝国
ローマ
カルタゴ
エーゲ海
エフェソ
パトモス島
アンティオモア
ダマスコ
ナザレ
ペラ
ヨッパ
エルサレム

新興勢力の台頭と既得権益層からの反発

死後に復活してからの40日間、５００人以上の弟子たちの前に何度も出現したイエス・キリストは、昇天して消える前、彼らに次のように命じていました。

「エルサレムを離れずに、待っていなさい。私はこれから天の父のもとへ戻り、聖霊を、あなたたちに送ります。あなたたちは聖霊で洗礼を受け、特別な力を授かるのです」

聖書には「神は霊である」と明記されていますが、ふつう霊は目に見えない存在なので、クリスチャンの中にも「聖霊のことが、よくわからない」と言う人は少なくありません。聖霊は目に見えないため、クリスチャンは通常、目に見えるしるしとして、あたまに水を注がれるか、全身を水に浸けられるという形で洗礼を受けます。目に見えない聖霊については、物的証拠は存在しないので、「あなたは信じられる？　それとも信じられない？」という領域の話となります。怪談で語られる幽霊を信じるか信じないかは、あなた次第であるのと同じです。

聖霊や幽霊なんてバカバカしい、という方も、いらっしゃるでしょう。ですが、人類が大昔から、そうした目に見えない存在へ畏怖《いふ》や畏敬の念を抱いてきたのは歴史的事実です。初詣やお墓参り、合格祈願、厄除け祈願などを一度でもしたことがある方なら、目に見えない不思議な存在を信じる気持ちが少しはあるのではないでしょうか。

イエスの弟子たちは、奇跡の復活を遂げた師の言葉を信じ、エルサレムで聖霊が送られてくるのを待つことになります。その間、イエスを裏切り自殺したイスカリオテのユダの空席を埋めるため、マティア（マッテヤとも表記されます）という弟子が新たに選ばれ、使徒《しと》は、ふたたび12人になっていました。

エルサレムにある、最後の晩餐《ばんさん》の舞台となった、「高間《たかま》」などと呼ばれる福音記者マルコの家の2階。聖母マリアや12使徒を含めた120人の弟子が集まって祈っているところに、天から目に見えない不思議な力——聖霊——が注がれます。その時を境に、今までとは完全な別人になったかのように、弟子たちは大きな変容を遂げました。

新約聖書の「使徒言行録（使徒の働き、使徒行伝《ぎょうでん》とも表記されます）」での記述によれば、天から注がれた聖霊に満たされた弟子たちは、マルコの家の外に出ると、霊に操られているかのように、不思議な言葉——異言《いげん》——で語り始めました。人々は彼らは酔っ払い、ろれつが回っていないのだと感じましたが、それは、彼らが今まで知らなかったはずの異国の言葉であると、すぐにわかりました。この時、エルサレムは五旬祭《ごじゅんさい》という祭りの最中で外国からの旅行者が多くいて、彼らが最初に気づいたのです。

12使徒の筆頭格であるペトロは、周囲から集まってきた民衆に語りかけました。

「皆さん、聞いてください。今は朝ですから、私たちは酔っ払っているわけではありません。天に昇られたイエス・キリストが、たった今、私たちに聖霊を注いでくださったのです。イエス・キリストの名で洗礼を受ければ、あなたたちにも聖霊が注がれます」

ペトロの演説を聞いて、その日だけで3000人が弟子に加わったと言います。こうしたざっくりとした数字に「盛《も》りすぎでは？」と感じる方も多いでしょう。真実はだれにもわかりませんが、そのように聖書が伝えていることは、少なくとも事実です。

その後、使徒ペトロや使徒ヨハネを中心とする弟子たちは、注がれた聖霊の力で、かつてのイエス・キリストと同じように病人を癒《いや》したり、死者を蘇生させたりする奇跡を幾度も行《おこな》うようになり、エルサレム中の評判となりました。確立された医術のなかった時代ですから、病人たちは癒されることを願って、「せめてペトロやヨハネの影にだけでも触れたい」と、彼らの周囲に群がっていたと「使徒言行録」は伝えています。

そのようにペトロやヨハネら使徒たちの存在はエルサレム中に知れ渡ることになりましたが、当時は「キリスト教」という宗教は存在せず、あくまで彼らはユダヤ教徒でした。そして、本書のまえがきでも記した通り、ユダヤ教徒たちは、太古から語り継がれてきた「やがて救世主が現れ、永遠に続く新しい王国をつくる」という神のメッセージを信じていました。ペトロやヨハネたちが彼らの師イエスはキリスト（＝救世主）だと信じ、そう大衆に訴え続けたのも、あくまでユダヤ教徒としてだったのです。その頃、イエスというのはごくありふれた名前で、イエス・キリストは彼の出身地がナザレであることから「ナザレのイエス」と呼ばれていました。ナザレのイエスを信じる者たちは最初、「ユダヤ教のナザレ派」として、周囲から認識されるようになります。

ペトロやヨハネが病人を癒す奇跡を行ったことで、イエスこそ救世主だと信じるナザレ派の支持者は増え続けていました。それを快く思わなかったのは、イエスを十字架につけた張本人である、大祭司を始めとするユダヤ教の既得権益層です。現代社会においても、新興勢力の台頭を既得権益層がなんとか阻止しようと立ちはだかる例は、至るところで見られます。西暦30年のエルサレムでも、まさにそうした光景が見られました。大衆に熱く語りかけるペトロとヨハネを、大祭司たちは、詰問《きつもん》しました。

「お前たちは、なんの権威で、だれの許可を得て、このようなことをするのか？」

かつてはユダヤ教の支配者たちに逮捕され処罰されることを恐れていたペトロでしたが、聖霊に満たされたことで恐怖の感情は消え、まったく怯《ひる》まずに言い返しました。

「あなたたちが十字架につけた、イエス・キリストの御名《みな》によってです。世界中で、この御名のほかに、わたしたちが救われる名前はありません」

ペトロの力強い言葉は大衆を熱狂させました。彼の主張を認めれば、イエス・キリストを十字架につけたのは重大な罪だったと認めることになるので、大祭司たちには、絶対に認められませんでした。ペトロやヨハネら、目ざわりなイエスの弟子たちをどうすれば粛清《しゅくせい》できるか、それが大祭司たちの新たな大きな課題となったのでした。

派閥間の軋轢《あつれき》の犠牲となった最初の殉教者

当時、エルサレムには、ユダヤ教の大祭司を長とし、律法学者や長老たち71人から成る「サンヘドリン」と呼ばれる最高法院（最高裁判所）がありました。ナザレのイエスこそが救世主だと大衆に語り続けていたペトロやヨハネら使徒たちは捕らえられ、サンヘドリンで協議された結果、最初は処罰されることなく釈放されました。大祭司たちは「イエスの名で教えるな」と命じましたが、ペトロやヨハネらは聞き入れませんでした。

イエスが救世主だと信じる者たちは、彼らの指導者である使徒たちを中心に財産を共有する共同生活を始め、これが「初代教会」と呼ばれる共同体のはじまりとなります。のちに「教会」と訳されることになるギリシア語「エクレーシア」は、元々は「人々の公的な集まり」を示す言葉で、「教会」と呼ばれる専用の建物が最初からあったわけではありません。初代教会の人々は、当時のふつうの住居で、ともに暮らしていました。

勢力を増すナザレ派を恐れた大祭司らは、ふたたび使徒たちを捕らえ、牢に入れます。ところが、彼らは天使に助けられて脱出し、翌日にはまた大衆たちにイエスの教えを語った、と聖書は伝えています。唐突《とうとつ》に登場する天使が信じられない場合は、だれかが手引きしたことを彼らは天使の助けだと捉えていた、と考えても良いかもしれません。

懲《こ》りない使徒たちへの殺意を大祭司たちは強めていましたが、そんな中、当時、律法学者として高名だったガマリエルという人物は、こう言って彼らをいさめました。

「彼らのことは放っておいたほうが良い。もし彼らの計画や行動が人間の思いつきなら、すぐに自滅する。だが、もしそれが神から出たものなら、あなたたちに彼らを滅ぼすことはできない。それどころか、あなたたちは神に敵対することになるのだ」

その頃、エルサレムで暮らすユダヤ教徒——ユダヤ人——たちはヘブライ語を話す者が多数派で、イエスの弟子たちを指導する12使徒もヘブライ語を話していました。ですが、弟子の数が増えるにつれて、当時、地中海の東岸地域で広く話されていたギリシア語を話す者も増え、彼らから「待遇が平等ではない」という不満の声が大きくなっていました。こうした反発に対処するため、12使徒は、ギリシア語を話す者たちから人望のある7人を選び、弟子たちを世話する「執事」という役職に任命します。この「執事」が、のちのカトリック教会で「司祭」を補佐する「助祭」のルーツとなります。

7人の執事の筆頭格であるステファノは信仰に篤《あつ》く弁が立つ男だったので、ナザレ派ではないユダヤ教徒たちと真理について議論しては、相手を次々に論破していました。それによってステファノは相手の恨みを買い、「あの男は神を冒瀆《ぼうとく》しています」と大祭司に訴えられ、逮捕され、最高法院サンヘドリンで裁判にかけられることになりました。

「ステファノよ、お前がわれらの神を冒瀆しているという話は、まことか？」

問いかける大祭司と、彼を取り囲む者たちに向かって、ステファノは、いつものように、神がどのように彼らユダヤ人を導いてきたか熱弁をふるい、最後にこう告げました。

「聖霊に逆らっているのは、あなたたちです。あなたたちは救世主の到来を預言《よげん》してきた者たちを殺し、ついに、その正しい方イエス・キリストをも十字架につけたのです」

激怒した大祭司たちはステファノに殺到すると彼をエルサレムの外へ連れ出し、ユダヤ教の処刑方法である石打ちの刑で彼を永遠に黙らせることにしました。人々から憎悪を込めて石を投げつけられたステファノは、天を仰ぎ、次のように叫んで息絶えました。

「わが主《しゅ》イエスよ、わたしの霊をお受けください。彼らを、おゆるしください」

こうしてステファノは、キリスト教史における「最初の殉教者」となりました。正確な日時は記録されていませんが、西暦30年代なかば頃ではないかと伝えられています。

ステファノの殉教は、彼がギリシア語を話すユダヤ人であったことも関係していました。それ以前にペトロやヨハネが捕らえられた時は、彼らもサンヘドリンもヘブライ語を話す同士で、処刑されるには至りませんでした。ステファノの処刑は、ヘブライ語を話す者とギリシア語を話す者の派閥間の軋轢も要因のひとつでした。その証拠に、ステファノの死後、ギリシア語を話すイエスの弟子たちは処刑されることを恐れてエルサレムを逃げ出しましたが、ヘブライ語を話す12使徒たちは、とどまり続けたのです。

エルサレムを去ったイエスの弟子たちが各地でナザレ派の教えを広めたことが、キリスト教の宣教の最初の大きな拡大となりました。このように、逆境であったはずの迫害《はくがい》という事態によってかえって信仰が広まったり深まったりするケースはキリスト教の歴史を通じて多く見られ、クリスチャンの多くは、それを「神の摂理《せつり》」だと捉えています。

なお、ステファノといっしょに執事に任命されたフィリポ（ピリポとも表記され、12使徒のフィリポとは別人）は、各地で異邦人に福音（＝イエスの神の国が到来する良い知らせ）を伝えたことから、こんにちでは「福音宣教者フィリポ」として知られています。

目からウロコで回心した最大の宣教者

ステファノが石打ちの刑によって「最初の殉教者」となった時、処刑人たちの荷物の番をしていたユダヤ人の男がいました。彼のヘブライ語名はサウロですが、のちに、ラテン語名のパウロで広く知られることになるので、本書ではパウロで統一します。

パウロは、先に述べた高名な律法学者ガマリエルの弟子で、ユダヤ教の聖書（キリスト教の旧約聖書）に精通していました。ユダヤ教保守派の代表選手のようなパウロにとって、イエスやステファノら危険人物が大衆を煽動《せんどう》しているナザレ派は看過《かんか》できませんでした。正義感の強いパウロは、それら異端《いたん》の徹底した排除を大祭司に申し出ます。

「エルサレムから逃亡したナザレ派は、わたしが必ずや捕らえ、連行いたします」

ダマスコ（現在のダマスカス）に逃れたナザレ派を逮捕する許可を得たパウロは、部下たちを引き連れて、エルサレムを出発しました。そして、ダマスコの近くまで来た時、太陽よりまぶしい光に照らされてパウロは倒れ、目が見えなくなってしまいました。

「パウロよ、あなたは、なぜわたしを迫害するのですか?」

天から響く声に、パウロは「そう言うあなたは……?」と、問い返します。

「わたしは、あなたが迫害している教えを説いたイエスです。さあ、立ち上がって、ダマスコの町に入りなさい。そうすれば、あなたがすべきことが、おのずとわかります」

パウロの部下たちもその声を聞きましたが、だれの姿も見えませんでした。目が見えなくなったパウロは部下たちに連れられてダマスコの縁者の家に入り、それからの3日間は飲まず食わず、なにもできませんでした。3日目、なんの前触れもなくアナニアという男がパウロの宿泊している家を訪れ、彼にこう告げました。

「わが主《しゅ》イエス様が、わたしをあなたのもとへ遣《つか》わされました。あなたの目がふたたび見えるようになり、あなたが聖霊に満たされるためです。パウロ、あなたは、イエス様の御名《みな》を異邦人(=ユダヤ教徒ではない人たち)に伝える器《うつわ》として選ばれたのです」

アナニアがパウロのあたまに手を置くと、パウロの目からウロコのようなものが落ちて、彼はふたたび目が見えるようになりました。それによって彼の心の目も開き、イエスは真の救世主で、昇天後の今も生きていることをパウロは確信しました(この「パウロの回心」と呼ばれる体験が、現代社会でも頻繁に用いられる「目からウロコ」の語源です)。

回心したパウロは、ダマスコにあるユダヤ人のシナゴーグ(会堂=集会所)に出向くと、「皆さん、わたしにはようやくわかった。イエス様こそ、まことの救世主だったのだ」と、教え始めました。パウロがエルサレムでナザレ派を弾圧し、ダマスコにもナザレ派を逮捕するために来たことを知っていた人々は、これは彼の罠だろうかと警戒しました。その後もパウロは行く先々でイエスの教えが真理であると熱弁を振るい続けたのですが、なにしろ彼は元々はナザレ派弾圧の最右翼と見なされる人物でしたから、容易に信頼されませんでした。

ダマスコからエルサレムに戻ったパウロは、ペトロやヨハネらナザレ派の仲間に入ることを希望しますが、以前のパウロがナザレ派の弾圧を指揮していたことをだれもが知っていたので、彼はすぐに仲間として認められず、しばらくは恐れられていました。

そんな中、12使徒ではないものの、かつてイエスから直接教えを受けた生《は》え抜きの弟子で、初代教会の中心人物のひとりであったバルナバがパウロを熱心に弁護しました。

「皆さん、パウロの言うことは本当です。彼はダマスコへ向かう途中で、主《しゅ》イエス様に出逢い、回心したのです。彼の語る言葉には、いっさい嘘や偽《いつわ》りはありません」

人望のあったバルナバの承認で、パウロは最大の迫害者から転じて、初代教会の一員となりました。ですが、過去の経緯ゆえにパウロを快く思わない者がエルサレムには多かったので、パウロはバルナバとともに、イエスの教えを広める宣教旅行に出発します。

地方の民族宗教に過ぎなかったキリスト教が、世界宗教へと発展を始めた瞬間でした。

一方、12使徒の筆頭格であるペトロが各地を巡回する過程で海辺の町ヨッパを訪れていた際のことです。ペトロが空腹を覚えた時、ユダヤ教の律法では食べることを禁じられているさまざまな「清くない動物（蹄《ひづめ》が分かれていない獣や、ウロコのない魚、猛禽類《もうきんるい》など）」の幻《まぼろし》が現れ、「さあ、これを食べなさい」というイエスの声がしました。

「主《しゅ》よ、それはできません。わたしは、穢《けが》れた動物を食べたことはないのです」

激しく動揺して抵抗するペトロを、イエスの声が諭《さと》しました。

「ペトロよ、神が清めた物を、清くないと言ってはいけない」

その直後、ローマ帝国の百人隊長であるコルネリウスの使者が「あなたを訪ねるように主から命じられました」と、やって来ました。ペトロは、神の意思を悟りました。

「わたしには、わかりました。わたしの神は、ユダヤ人や異邦人という区別なく、神を畏《おそ》れ敬う人なら受け入れるようにと、わたしにお告げになっているのでしょう」

そして、ペトロは異邦人コルネリウスに洗礼を授けましたが、このことが知られると、初代教会の中で大きな議論の的となりました。紀元前2000年頃のアブラハムの時代から、神との契約の証しとして、ユダヤ人の男性は全員、男性器の包皮を切除する割礼《かつれい》を行う風習がありました。ユダヤ人にとって、割礼をしていない異邦人男性が洗礼を受けるのは、考えられないことでした。しかも、厳格な食事規定のあるユダヤ人でありながらペトロが異邦人と食事をともにしたことも激しく批判されました。ペトロは、それはイエス・キリストの導きだったと懸命に説明し、ついに他の者の同意を得ます。

ペトロが異邦人の洗礼と食事規定の撤廃を決めたことで、イエスの教えはさらに異邦人に広まりました。パウロとバルナバが人々に教えていたアンティオキアの教会は特に栄え、その土地で歴史上初めて、彼らは「クリスチャン」と呼ばれるようになりました。当時、それは「キリストを信じている奴ら」という冷やかしのニュアンスが強かったようですが、ユダヤ教のナザレ派の独自性が、いよいよ人々に認識され始めていたのです。

なお、パウロは12使徒ではありませんが、みずからを「異邦人の（ために活動する）使徒」と呼んでいました。新約聖書に多く収録されているパウロの書簡の中で、彼は自分を「使徒」と書いていますが、それをめぐって本来の12使徒や古参の信徒たちとのあいだに軋轢があったことも記されています。初代教会を導く12使徒たちは、福音宣教だけに専念できる立場でしたが、自称使徒のパウロは好待遇ではなかったので、宣教中も生活費を稼ぐために、テントづくりの仕事をしていました。そのような待遇差への恨み節も聖書に記されていて、当時のパウロの福音宣教の苦労がしのばれます。

パウロの福音宣教は決して順風満帆ではなく、彼は各地で迫害され、ある時は石打ちの刑に処されながら九死に一生を得て、ある時は何度もムチ打ちの刑に処され、海で漂流するなどの壮絶な苦労を重ねつつ、最終的にはキリスト教史上最大の宣教者となりました。キリスト教のこんにちの世界宗教としての礎《いしずえ》を築いたのがパウロであることに、異論はありません。

狂王の政治により相次ぐ要人の殉教

イエス・キリストが誕生した時にパレチスナ地域を治めていたのはヘロデ大王という人物で、イエスが磔刑《たっけい》にされた時の支配者は、ヘロデ大王の子、ヘロデ・アンティパスでした。その後、ヘロデ・アンティパスの妻ヘロディアの弟であるヘロデ・アグリッパ1世が領主となります。ヘロデ・アグリッパ1世は、エルサレムのユダヤ人の保守派とナザレ派のあいだに対立があると知り、戯《たわむ》れに危険なことを思いつきました。

「目ざわりなナザレ派のだれかを殺してやれば、ユダヤ人どもは喜ぶだろう」

ヘロデという名の領主が3人続いたその当時、エルサレムの初代教会には「ヤコブ」という名の者が3人いました。そのうちのふたりは12使徒の一員で、こんにちでは「大ヤコブ」、「小ヤコブ」と呼び分けられています。名前についている「大」「小」は、彼らの体格ではなく、弟子としての歴史の長さと知られている活動の重要度の差です。

イエス・キリストが宣教活動を始めた直後、みずからスカウトして最初に弟子に加えたのが、ペトロと彼の実の兄弟アンデレと、大ヤコブと彼の実の弟ヨハネでした。この4人のうち、特に、ペトロ、大ヤコブ、ヨハネの3人は常に師イエスと行動をともにしていたことが、新約聖書に収録されている4冊の福音書には記録されています（大ヤコブとヨハネの兄弟は常にこの順序で聖書に表記されているので、おそらく大ヤコブが兄ですが、アンデレはペトロの兄である可能性もあります。ペトロ、大ヤコブ、ヨハネは、いつも行動をともにしていたのに、アンデレがいないことが多いのは、彼が兄で、使徒たちのリーダーである弟に遠慮して席を外していたのかもしれません）。

そのように、12使徒の中でもペトロやヨハネと並び称される最重要人物の大ヤコブが、ヘロデ・アグリッパ1世の手下に捕らえられ、処刑されました。この時、刑吏《けいり》のひとりが大ヤコブの毅然《きぜん》とした姿に感激し、「わたしも実はナザレ派の一員です」と告白したことから、その刑吏も大ヤコブといっしょに処刑されることになりました。

「愛する兄弟ヤコブ様、わたしの罪がゆるされるように、どうか祈ってください」

そう嘆願《たんがん》する刑吏に、大ヤコブは柔和《にゅうわ》に微笑して、こう応えました。

「主《しゅ》の平和が、あなたとともにありますように――」

兄弟愛の証しとしてくちづけをし、ふたりは同時に斬首《ざんしゅ》された――と伝える初期キリスト教文書もあります。こうして大ヤコブは、のちにヨハネのほかは全員殉教する12使徒の中で最初の殉教者となりました。大ヤコブの殉教は、西暦43年頃のこととされています（先に述べたイスカリオテのユダの死は自殺であり、殉教ではありません）。

新興勢力ナザレ派の重鎮・大ヤコブの処刑は、ユダヤ教の保守派を喜ばせました。気を良くしたヘロデ・アグリッパ1世は、「次は、ナザレ派の頭目《とうもく》であるペトロとやらを殺せ」と命じます。ペトロは捕らえられて牢に入れられ、処刑されるはずでした。ですが、この時も天使が牢からペトロを救出したことを、「使徒言行録」は伝えています。なお、大ヤコブを処刑した翌年、ヘロデ・アグリッパ1世は演説中に虫に刺されて死んだことが、新約聖書だけでなく、ユダヤ人歴史家ヨセフスの『ユダヤ古代誌』にも記録されています。

初代教会を率いていたのは12使徒でしたが、彼らはエルサレム教会の最高責任者である「監督」に、大ヤコブや小ヤコブとは別人の、もうひとりのヤコブを任命していました。この「監督」職が、のちのカトリック教会における「司教」のルーツとなります。

このエルサレム初代監督（司教）は「義人ヤコブ」あるいは「主《しゅ》の兄弟ヤコブ」と呼ばれ、新約聖書に収録されている「ヤコブの手紙」は、この人物によるものです。彼は、イエスの実の弟あるいは従兄弟などの親戚と見なされており、聖書で使われている単語は、実の兄弟と親戚のどちらも示せるので、断定できません。聖母マリアの永遠の処女性を信じるカトリック教会では、ヤコブはイエスの従兄弟あるいは親戚だと判断し「義人ヤコブ」と呼び、マリアはイエスのあとに夫との子を産んだと考えるプロテスタント教会では「主の兄弟ヤコブ」と呼びます。いずれにしても、このヤコブはイエス・キリストの縁者であり、なおかつ、当時の人々から尊敬される人格者だったようです。

ネロがローマ皇帝となった西暦50年代前半、エルサレムでは、大祭司と他の祭司などの指導者たちが利益をめぐって激しく対立し、民衆を煽動した武力衝突がくり返されていました。この頃、宣教旅行から一時的にエルサレムに戻ってきていたパウロも、民衆を煽動した容疑で捕らえられましたが、彼はローマの市民権を所有していたのでその権利を主張し、裁判を受けるために、ローマに護送されることになりました。

パウロを殺しそこねたユダヤ教保守派の既得権益層は、その後、エルサレム教会の監督である義人ヤコブに接近し、次のように誘いかけます。

「あなたが人格の優れた義人であることは、エルサレムのだれもが知っている。あなたの話は、みんなが信じる。民衆にイエス・キリストのことを話してやってほしい」

人の好《よ》い義人ヤコブは、誘われるままにエルサレムの神殿の高い壁の上に立ち、集まった民衆に演説を始めました。刺客たちは義人ヤコブに駆け寄ると壁から突き落とし、それでも彼が死ななかったので、下にいた者たちが棍棒で滅多撃ちにして殺害しました。

撲殺されながら、義人ヤコブは、殺人者たちのために祈り続けたと伝えられます。

「主《しゅ》よ……お願いです……彼らの……この罪を……おゆるし……ください」
こうして、西暦62年、エルサレム教会の初代監督・義人ヤコブは殉教しました。

永遠の都が燃え2大聖人が殉教する

ローマ帝国の5代目皇帝となったネロは、即位してからの数年間は、まともな統治を行《おこな》いました。ですが、芸術に傾倒し始めてから彼の言動は少しずつおかしくなり、民衆の評判も悪くなっていきます。そんな中、西暦64年7月18日の夜、ローマで大火災が発生しました。この火災は1週間にわたって続き、ローマの半分以上を焼き尽くすほどの規模でした。甚大な被害を受けた民衆は、狂った皇帝ネロがローマに火を放ったのではないか、と噂しました。それが事実だとする見方は、こんにちでも根強くあります。

想定外に大きな民衆の不満が自分に集中し、ネロは、自分への民衆の怒りを逸らすために、犯人が必要だと考えました。火災をまぬがれた地域に、ユダヤ教のナザレ派――クリスチャンと蔑称《べっしょう》される者たちが多く住んでいることにネロは注目しました。

「ローマの大火は、クリスチャンが放火したものだ。奴らは処罰せねばなるまい」

ネロの指示により、逮捕されたクリスチャンたちは、獣の皮をかぶせられて犬に喰い殺されたり、ネロの邸宅を夜に照らす松明《たいまつ》の代わりに生きたまま焼かれたりしました。

その後は、なにか犯罪が起こるたびにクリスチャンのせいにされる風潮が生まれ、クリスチャンの迫害が始まりました。この時の迫害の中で、当時ローマで宣教活動を行っていた、クリスチャンのリーダー・ペトロも西暦66年に捕らえられ、処刑されました。

ペトロは、十字架刑に処されることになりましたが、「わが師イエスと同じ方法で殺されるのは恐れ多い」と本人が主張したことにより、あたまを下に、足を上にして逆さまに磔《はりつけ》にされ、処刑されました。ペトロが処刑された場所に、のちに彼の墓がつくられ、その上に建っているのが、現在のヴァチカン市国のサン・ピエトロ大聖堂で、「サン・ピエトロ」というのは「聖ペトロ」のイタリア語名です。のちに「初代ローマ教皇」と見なされる使徒聖ペトロは、現在に至るカトリック教会の歴史の出発点となります。

ペトロが処刑された同年、やはりローマにいたパウロも捕らえられ、ネロの命令で斬首されました。初期キリスト教会を導いたペトロとパウロは、同年にローマで処刑されたのです。後年、カトリック教会は6月29日を聖ペトロと聖パウロの記念日と定め、毎年その日にキリスト教会を発展させたこの2大聖人に感謝と追悼の念を捧げています。

キリスト教の2大聖人を残忍に処刑したネロでしたが、そのわずか2年後の西暦68年には元老院の主導で反乱が起き、退位させられたネロは自殺しました。

激しい迫害の中で書き記された黙示録《もくしろく》

ペトロとパウロ——キリスト教の礎を築いた2大聖人が皇帝ネロの苛烈《かれつ》な迫害によってローマで相次いで殉教した西暦66年頃、エルサレムではローマ帝国に対するユダヤ人過激派の反乱が勃発していました。西暦70年まで続くこの「ユダヤ戦争」の惨状を十字架につけられる前のイエス・キリストが預言していたことが新約聖書には記されていますが、ユダヤ教のナザレ派には、その後も神からの警告が届けられていました。義人ヤコブの殉教後、イエスの親戚であるシメオンが新たな監督となって指揮していたエルサレム教会の人たちは、ヨルダン川の東の土地ペラに避難する選択をしました。
城壁で囲まれたエルサレムは、紀元前1000年頃にこの地を首都と定めたイスラエル王国のダビデ王の時代以来、神に守護された難攻不落の要害だとユダヤ人は信じていました。籠城したユダヤ人は、飢餓と戦いながら4年間も粘ります。しかし、西暦70年、ついにエルサレムはローマ帝国軍によって陥落し、炎上し、110万人ものユダヤ人が亡くなりました。今もエルサレムに遺るユダヤ教の聖地「嘆きの壁」は、このユダヤ戦争の際にローマ帝国軍に破壊されたエルサレム神殿の西壁の残骸となります。

その後、即位したローマ帝国第11代皇帝ドミティアヌスは、かつての皇帝ネロと同じように迫害を始めます。当時はまだキリスト教とユダヤ教は明確に区別されていなかったので、それはクリスチャンも含めた、ユダヤ人全般への弾圧でした。ドミティアヌスは、「ダビデの王家から現れる救世主が新しい王国をつくる」というユダヤ教の預言を恐れていて、彼らを厳しく取り締まったのです。やがて、ダビデ王家の血を引くイエス・キリストの親族を見つけ出すと彼らを捕まえ、皇帝みずから尋問しました。

「ダビデの血を引く者たちよ、お前たちが待ち望む新しい王国とは、なんだ？」

玉座から身を乗り出すように尋ねる皇帝に、親族の数人は正直に答えました。

「新しい王国とは、この世界の話ではなく、やがてイエス様がすべての生者と死者を裁くために地上に戻って来られる時に始まる、目に見えない神の国のことです」

イエスの親族は、処罰を逃れるためにデタラメなことを言ったわけではなく、それは、彼らが心から信じていたイエスの教えでした。イエスの親族たちの語る途方もない話は ドミティアヌスの理解を大きく超えていて、皇帝は呆れ果て、彼らを処罰することは無意味なのでやめて、なにも罰せずに釈放したと伝えられます。ドミティアヌスがユダヤ教の預言への警戒心を解いたことで、彼の中で迫害への意思は急速に弱まりました。

イエス・キリストの12使徒は、それまでに11人が殉教していましたが、「ヨハネの福音書」の記者でもある使徒ヨハネは、ただひとり生き残り、1世紀末の教会の最長老――「長老ヨハネ」と呼ばれる存在となっていました（「使徒ヨハネ」と「福音記者ヨハネ」と「長老ヨハネ」は、教会の伝承によると、すべて同一人物と伝えられてきましたが、その後の聖書学者たちの研究を経て、ふたり――または3人とも別人――あるいは、「福音記者ヨハネ」とは弟子たちの総称なのではないか、とする説も唱えられています）。

1世紀末の教会の最高権威であった長老ヨハネは、皇帝ドミティアヌスによってエーゲ海の小さな島に追放されました。そのパトモス島で、目の前に現れたイエス・キリストから長老ヨハネが受けた預言を記したものが、新約聖書の巻末に収録されている「ヨハネの黙示録」です。「ヨハネの黙示録」が世界の終末を思わせる破滅的な描写に満ちているのは、ドミティアヌスによる迫害がそれだけ苛烈だった影響でしょう。なお、「ヨハネの黙示録」に登場する有名な「獣の数字666」は、ネロの名前をヘブライ語の数秘術で数字に置き換えると666になることから、最初の迫害者ネロを示すと考えられています。

ドミティアヌスは強引な悪政が原因で西暦96年に暗殺され、それによって、クリスチャンの迫害は、いったん鎮静化しました。追放されていた長老ヨハネは、エフェソの地に移り、そこを拠点に各地のクリスチャンを指導する晩年を送りました。

また、エルサレム教会の2代目監督シメオンは、指導者のまま120歳まで生きた時に、異端の教派に属する者たちの「シメオンはダビデの子孫なので、危険分子です」という密告で逮捕されました。当時の皇帝トラヤヌスによりシメオンは何日もかけて拷問され信仰を棄《す》てるように迫られましたが拒み続け、最終的には十字架につけられて殉教します。120歳の老人が拷問や十字架刑に耐えて毅然として逝った姿は、当時の人たちに衝撃を与えました。

かつてのイエスと同様、シメオンも十字架上で、処刑人たちのために祈りました。

「主《しゅ》よ……どうか……彼らを……おゆるし……ください……彼らは……自分たちが……なにを……しているのか……わかって……いないのです……」

論破した相手の逆恨みで殉教した護教家

ローマ帝国は多神教で、歴代の皇帝たちを神になぞらえ、民衆には皇帝礼拝を命じていました。ローマ帝国が地中海周辺の広い地域を統治するにあたり、各地の文化や宗教も尊重しつつ、皇帝礼拝は強制でした。その基本方針に断固として応じないのが、天地の創造主である唯一神のみを信じるユダヤ教徒とクリスチャンたちで、他宗教の人々は、その両者をほとんど区別していませんでした。当時のローマ帝国では、神々の像を拝んでいたため、神というのは「(像という姿で)目に見える存在」でした。そのため、偶像崇拝を禁じられているユダヤ教徒とクリスチャンは皮肉なことに、目に見える神の像を拝もうとしないことから「無神論者」と呼ばれ、軽蔑されていました。それでも、2世紀のローマ帝国では、クリスチャンの徹底的な迫害は見られず、皇帝トラヤヌスが定めた基準にのっとり、皇帝礼拝をしない者を見つけたら処罰する、という程度でした。わざわざキリスト教徒を探し出して連行していたわけではなかったのです。

危険な無神論者たちと思われている誤解を解くために、クリスチャンの中から、キリスト教の立場を説明し弁護する「護教家」と呼ばれる知識人たちが次第に現れ始めました。最初の本格的な護教家と言われるユスティノスは、若い頃からさまざまな学派の哲学を学び、キリスト教に回心したあとも真理の探究を続ける哲学者であり続けます。

いまだ歴史が浅かった当時のキリスト教は、その点で批判されることも多かったのですが、ユスティノスは、ギリシア哲学のソクラテスやプラトンらの教えとキリスト教の共通点を示し、「それらが共通しているのは、世界の真理だからだ」と説明したのです。

何冊かの名著も記し、人々の評判となったユスティノスをライバル視している、クレスケンスという異教徒の哲学者がいました。ユスティノスのほうではクレスケンスを真剣に相手にしていませんでしたが、クレスケンスがなにかとユスティノスを目のカタキにしていたのは、名声を確立した相手への憧れもあったのでしょう。そのような関係性は、現代社会でも多く見られます。クレスケンスは、ことあるごとにユスティノスに議論を仕掛けていましたが、「クリスチャンは無神論者だ」という浅い批判しかできなかったため、毎回、ユスティノスから完膚《かんぷ》なきまでに論破され、そのことを逆恨みして、日増しに昏《くら》い殺意を募《つの》らせていました。

「わたしを殺すため陰謀を仕掛ける者がいるとすれば、愚か者クレスケンスだろう」

ユスティノスは自著の中で、そこまであからさまに書いていましたが、その予想通り、クレスケンスは「ユスティノスはクリスチャンなので皇帝礼拝を拒んでいます」と密告します。この時代、クリスチャンのことを嫌いな者が彼らを殺すのは簡単で、「あいつは皇帝礼拝を拒んでいます」と密告するだけで良かったのです。

日本の江戸時代の踏み絵（絵踏）に似ていて、たとえ本心でなくても皇帝礼拝して見せれば処罰の対象とはなりませんでした。ですが、ユスティノスは哲学者としての矜持《きょうじ》を最期まで持ち続け、逮捕されてもキリスト教の信仰は棄てず、皇帝礼拝を拒んで処刑されました。そのため、「殉教者ユスティノス」とも呼ばれています。

教会内部から生まれた異端勢力の脅威

ユダヤ教から明確に枝分かれし、殉教者を多く出しながらも、キリスト教は独立宗教として発展し始めていました。それと並行し、1世紀から3世紀にかけて、グノーシス主義と呼ばれる運動が、キリスト教の内部も含めて、当時の地中海周辺地域で急激に広がりつつありました。「グノーシス」とはギリシア語で「神秘の知識」を意味し、それは特定の宗教や哲学ではなく、旧約聖書の世界観を否定する神秘思想の総称でした。

旧約聖書では、天地（全世界）を創造したのは唯一神だと語られていますが、グノーシス派においては、世界を創造し統治しているのは7人の天使だと考えられました。その世界観によれば、人間の本質は永遠の魂だが、肉体という不自由な牢獄に囚われていて、そこから、グノーシス（神秘の知識）を駆使して脱出する必要があり、それを助けるために天から降りてきたのがイエス・キリストに注がれた力だった、というのです。

のちに確立されるキリスト教の教義においては、「イエス・キリストは人であり、同時に神である」という点で正統派の全教派の解釈が一致しています。ところが、グノーシスにおいては、「ただの人間」であるイエスをキリストに変化させる大きな霊の力が注がれて、特別な存在になったと考えました。彼らは、「イエス・キリストは、本当は受肉していないし、十字架に磔にもなってはいない。錯覚でそのように見えただけだ」という強引な説を立て、信じました。これは、キリスト教会からは「仮現説」と呼ばれている考え方で、異端の教義として正式に否定されています。

霊の善の性質を絶対視するグノーシス派にとって、肉体は悪の存在なので、肉体で暮らす人間社会では好き勝手なことをしていい、ということになりました。これはキリスト教会の教えの正反対でしたが、グノーシス派を支持する人が多かったため、教会は、そうした異端の教義を必死で否定し続ける必要がありました。

「グノーシスの考えは事実無根であり、異端である。耳を貸してはならない！」

キリスト教会は、そう信徒たちに訴え続けました。ですが、神や霊の問題と同じく物的証拠は存在しないので、グノーシスが間違っている理由を論理的に説明することは難しく、人々は禁止されればされるほど、その危険な思想に魅了され続けました。グノーシス派は以後の数百年にわたり、多くの人々に大きな影響を及ぼし続けます。

異端に対抗するために生まれた新約聖書

2世紀前半、クリスチャンのマルキオンという男が西暦144年にキリスト教会と袂《たもと》を分かち、独自の教団を創設します。彼はユダヤ教の聖書（キリスト教の旧約聖書）に登場する「正義を貫くために、あまりにも厳しすぎる神」は、イエス・キリストが「父」と呼ぶ「愛にあふれた神」とは別の存在だと語りました。彼の主張はグノーシス派の仮現説に似ている部分もあり、「イエス・キリストは愛の神が地上に一時的に現れた存在である」と人々に教えていました。

マルキオンが活動した2世紀の中頃、イエス・キリストの宣教活動を記した数冊の福音書や、使徒パウロが各地の教会や重要信徒に送った信仰について教えを説いた10通以上の非常に長い手紙は、スクロールと呼ばれる巻物に書き写され、各地のキリスト教会に回覧され、信徒たちの前で朗読されていました。ですが、まだキリスト教の新約聖書は編纂《へんさん》されておらず、多くの文書がバラバラに存在している状態でした（旧約聖書や新約聖書にそれぞれ数十の書物が収録されているのは、スクロールと呼ばれる巻物に記述できる文字数に限りがあったことが大きな原因です）。

「キリスト教文書で、参考にすべきは一部のものだけだ。わたしがそれを教える」

そう語ったマルキオンは、使徒パウロの考えに共感していたため、パウロの手紙10通と、パウロの宣教旅行に同行していたルカが記した福音書だけを、彼の教団の正典と定めました。しかも、彼は旧約聖書は否定する立場だったので、パウロの手紙と「ルカの福音書」の中にある旧約聖書からの引用部分は削除するほどの徹底ぶりでした。

そのようにして、マルキオンの教団が独自の「聖書」を編纂したことで、慌てたのは本家のキリスト教会でした。教会を去ったマルキオンの偏《かたよ》った主義主張を否定するためには、それでは、どの文書が真の正典なのかを示す必要にかられたのです。

マルキオンはパウロとルカの立場を絶対的に支持していたわけですが、それだけがすべてではないと示すために、キリスト教会は、あえて4人の記者(ルカのほかに、マタイ、マルコ、ヨハネ)による福音書も採用し、また、パウロ以外にも初代教会の重要信徒たち(義人ヤコブ、ペトロ、ヨハネ、タダイという別名で知られる12使徒のユダ=イエスを裏切ったユダとは別人)の手紙も収録しました。どの文書を新約聖書に収録すべきか、という議論は、それから2世紀半——西暦397年まで続くことになります。

こんにちのキリスト教の基礎である新約聖書は、そのように、自分たちから分離・独立した異端の偏った主張に対抗するために、生み出されたものだったのです。

なお、キリスト教会が彼らの主義主張を否定し続けたにもかかわらず、マルキオンの教団は多くの支持を集め、5世紀頃までは存続することになります。

信仰を死守した者と棄教《ききょう》した者の対立

西暦249年に即位した皇帝デキウスは、翌250年、ローマ帝国のすべての国民に、古代の神々への礼拝を強制し、従った者には証明書を発行しました。一神教であるユダヤ教徒やクリスチャンは、当然ながら、これに逆らいます。以前の迫害と違ったのは、神々への礼拝を拒んだ者たちをすぐに処刑するのではなく、デキウスは、彼らが棄教する（信仰を棄てる）まで、厳しい拷問を続けたことです。デキウスがその選択をしたのは、信仰を決して棄てずに殉教したクリスチャンは美化され伝説となり、弾圧するどころか、美談に魅せられた信徒を激増させてしまっていると気づいたからでした。

「クリスチャンどもを殉教させてはならん！　拷問して棄教させるのだ！」

そうしたデキウスの政策下で逮捕され、拷問され続けている最中に殉教したクリスチャンも当然いましたが、責め苦に耐えられず棄教する者も続出しました。また、拷問を恐れて異教の神々に礼拝するクリスチャンも現れ、信仰の個人差が顕著《けんちょ》になりました。その点では、江戸幕府の弾圧下で信仰を貫くキリシタンと棄教する者に分かれた事例と同じです。時代と場所が違えど、人間の営みには、そう大差ないのでしょう。

多くのクリスチャンを棄教させたこの迫害は、皇帝デキウスが251年に戦死したことで中止されます。迫害が短期間で終わったことにより、拷問されても殉教せずに生き延びた人たちが一定数いて、彼らは「証聖者」と呼ばれ、クリスチャンたちの尊敬と信頼を一身に集めることになりました。逆に、迫害に屈した棄教者たちは非難の的となり、彼らをふたたびキリスト教会に受け入れるべきか否かが、大きな議論となりました。

「信仰を棄てた者たちを、ゆるすべきではない。それは教会にもゆるせない罪だ」

キリスト教を弁護する著作で知られる護教家テルトゥリアヌスは、そう主張しましたが、アフリカのカルタゴ教会の司教であったキプリアヌスは、次のような意見でした。

「証聖者のとりなしがあった場合には、棄教者を教会で受け入れても構わないだろう。ただし、すぐに、ゆるすわけにはいかない。洗礼を受けた時以上に慎重に彼らの信仰心を見極めるために、長期間の悔悛《かいしゅん》（悔い改め）が必要だと、わたしは考える」

キプリアヌスの意見は各地の教会に送られ、ローマ教会では、賛成と反対で意見が二分されました。ローマ司教コルネリウスが開催した会議では、棄教者を条件つきでゆるす側の意見が勝利しました。棄教者は断固としてゆるすべきではない、と主張していたノウァティアヌスは、みずからもローマ司教を名乗り、分派を形成するようになります。「ローマ教会の司教」は、のちに「ローマ教皇」と呼ばれることになる存在ですので、ふたりの教皇が存在したことになります。いわゆる「教皇と対立教皇」です。

ノウァティアヌスによって教会が分裂したことで、「のちに異端と認定された司教から受けた洗礼を有効と認めるか否か」が、今度は大きな論点となりました。初代教会は、ローマ帝国による迫害と戦ってきたのですが、キリスト教会が広範囲に拡大し発展したことで、教義をめぐる対立と分裂が、顕著に見られるようになってきたのです。

第2章 ローマ帝国で苦しむ教会の愛憎劇

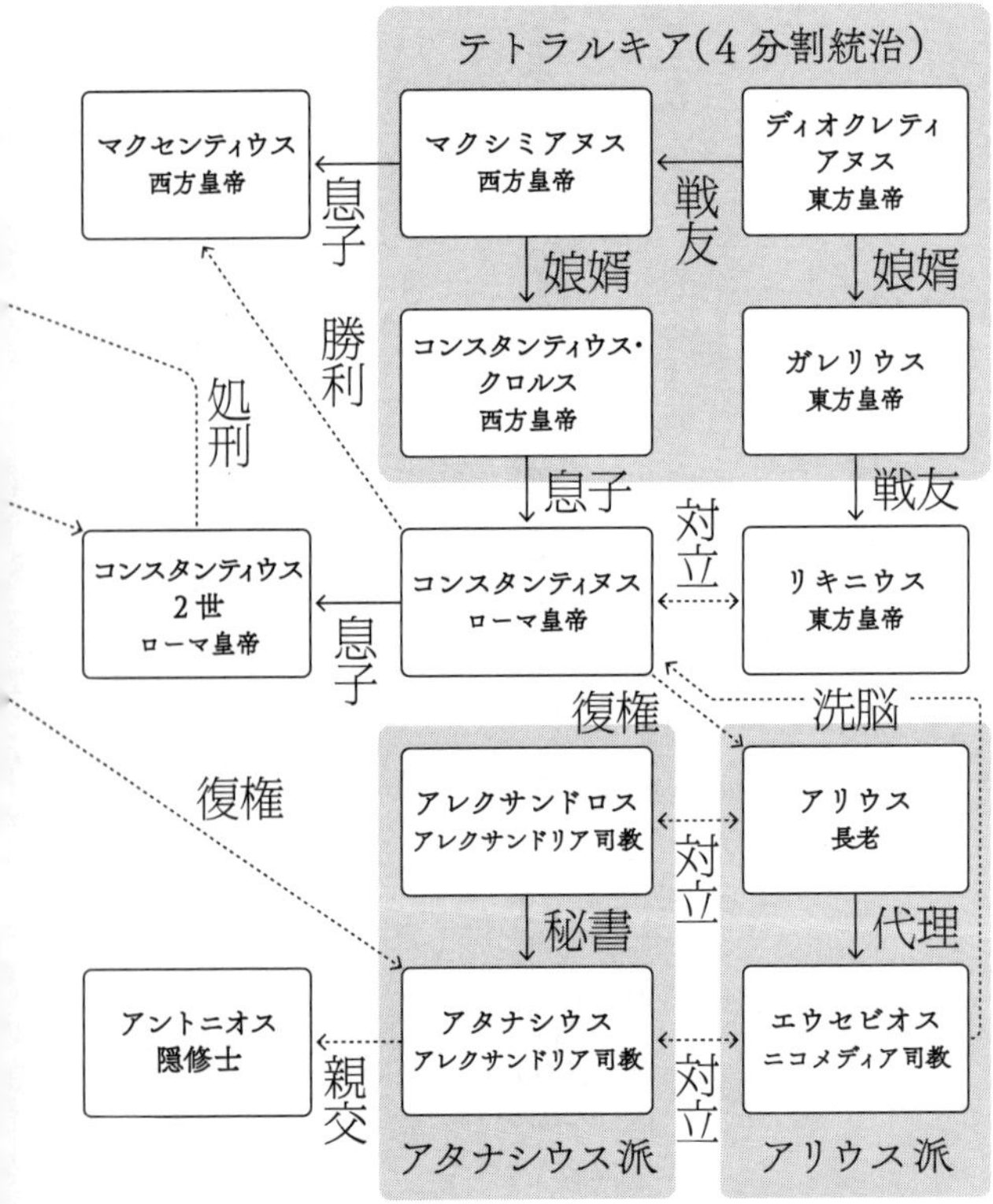
テトラルキア(4分割統治)
マクセンティウス
西方皇帝
マクシミアヌス
西方皇帝
ディオクレティアヌス
東方皇帝
息子
戦友
娘婿
娘婿
勝利
処刑
コンスタンティウス・クロルス
西方皇帝
ガレリウス
東方皇帝
息子
戦友
対立
コンスタンティウス2世
ローマ皇帝
コンスタンティヌス
ローマ皇帝
リキニウス
東方皇帝
息子
洗脳
復権
復権
アレクサンドロス
アレクサンドリア司教
アリウス
長老
対立
秘書
代理
アントニオス
隠修士
アタナシウス
アレクサンドリア司教
エウセビオス
ニコメディア司教
親交
対立
アタナシウス派
アリウス派

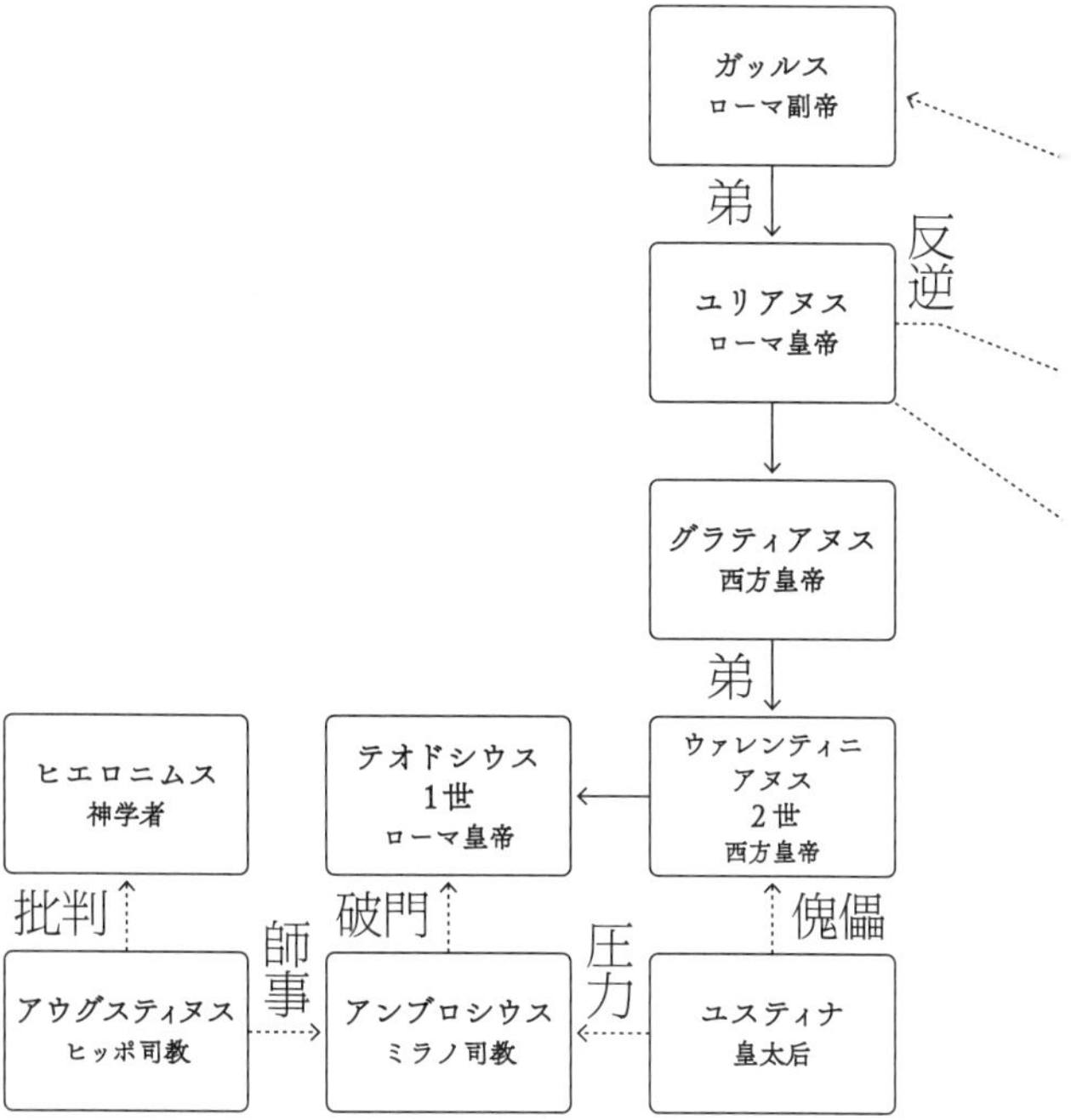
ガッルス
ローマ副帝
弟
反逆
ユリアヌス
ローマ皇帝
グラティアヌス
西方皇帝
弟
ヒエロニムス
神学者
テオドシウス
1世
ローマ皇帝
ウァレンティニアヌス
2世
西方皇帝
批判
破門
傀儡
師事
圧力
アウグスティヌス
ヒッポ司教
アンブロシウス
ミラノ司教
ユスティナ
皇太后

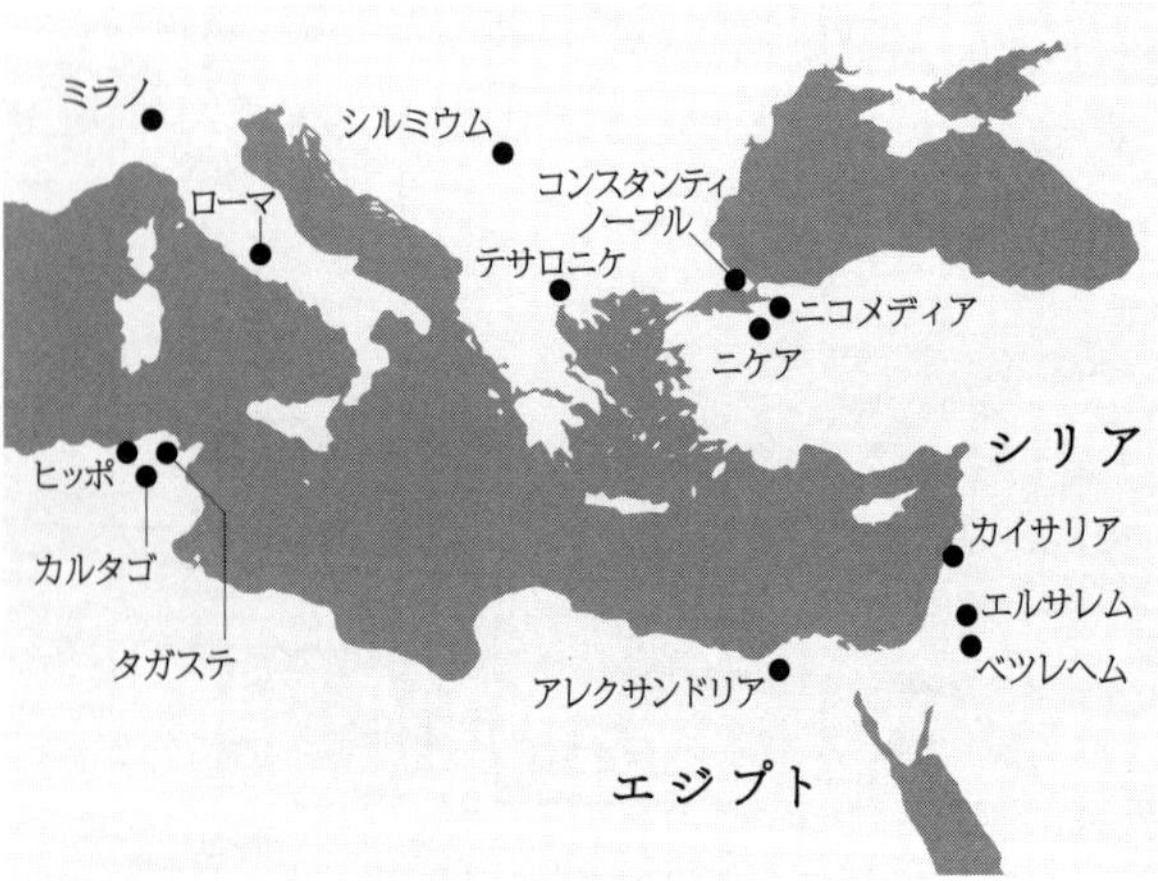
ミラノ
シルミウム
ローマ
コンスタンティノープル
テサロニケ
ニコメディア
ニケア
シリア
ヒッポ
カルタゴ
タガステ
カイサリア
エルサレム
ベツレヘム
アレクサンドリア
エジプト

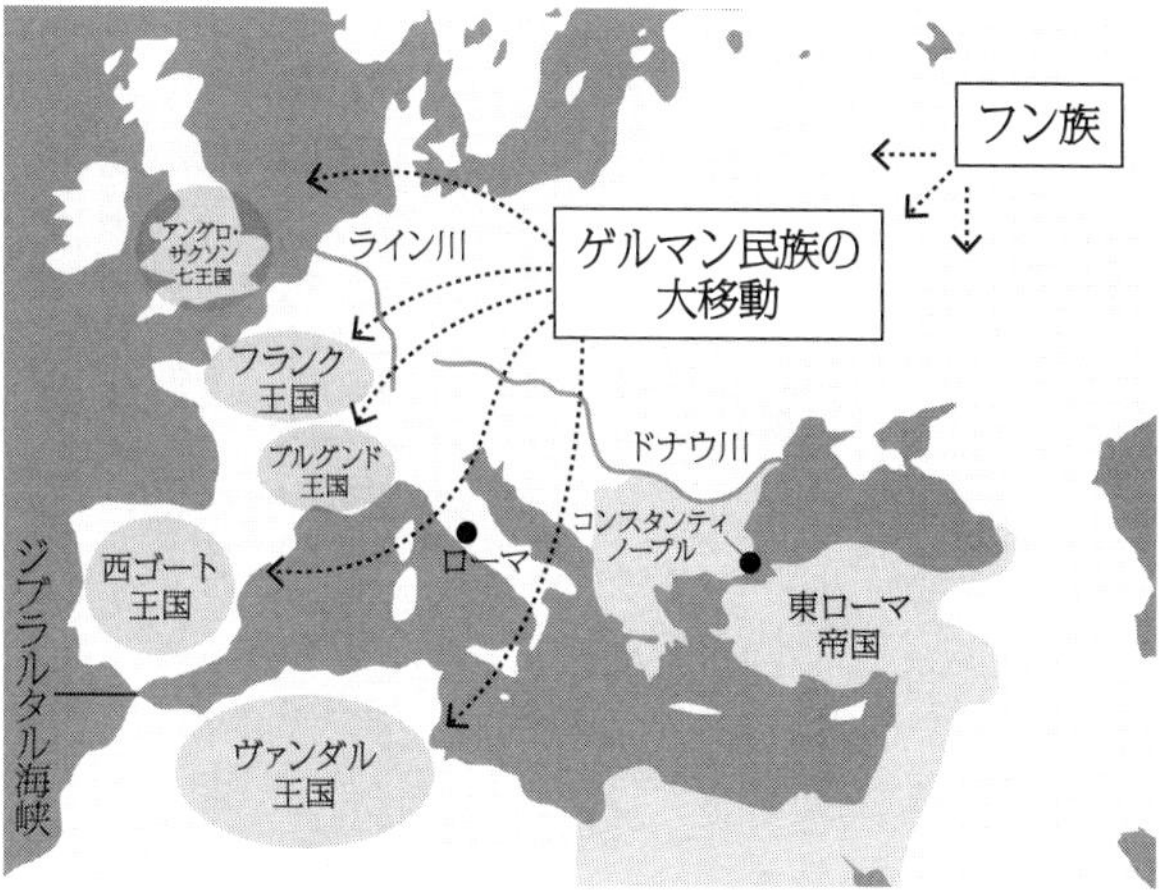
フン族
ゲルマン民族の
大移動
ライン川
ドナウ川
アングロ・
サクソン
七王国
フランク
王国
ブルグンド
王国
西ゴート
王国
ローマ
コンスタンティ
ノープル
東ローマ
帝国
ヴァンダル
王国
ジブラルタル海峡

皇帝たちの権力争いのもとで強まる迫害

3世紀後半、ローマ帝国は、軍人出身の皇帝たちが50年間に20人以上暗殺され、混沌の極みにありました。そんな中、即位した皇帝ディオクレティアヌスは、帝国の国会である元老院の判断を重視する元首政を皇帝主導の専制君主政に変更し、なおかつ、西暦293年には地中海の沿岸に広がるローマ帝国を東西に分け、それぞれに正帝と副帝を置く「テトラルキア（ローマ帝国の4分割統治）」への革命的な方針転換を実行します。東西の正帝と副帝は次のような顔ぶれでしたが、名前をおぼえていただく必要はありません。要するに、ローマ帝国を東西に分けて、メインの皇帝とサブの皇帝が置かれた、ということです。

東方正帝　ディオクレティアヌス
東方副帝　ガレリウス（東方正帝の娘婿）
西方正帝　マクシミアヌス（東方正帝の戦友）

西方副帝　コンスタンティウス・クロルス（西方正帝の娘婿）

東方正帝ディオクレティアヌスの妻と娘はクリスチャンだったので、彼には当初、キリスト教を迫害する明確な意思はありませんでした。しかし、4人の正帝・副帝の中で、東方副帝ガレリウスは、皇帝礼拝を拒むクリスチャンを個人的に蛇蝎《だかつ》のごとく嫌悪しており、彼はキリスト教徒を取り締まるように、ディオクレティアヌスを説得します。

「奴らは反乱を画策しています。帝国の安寧《あんねい》のために、野放しにできません」

ガレリウスの執拗《しつよう》さに押し切られる形で、ディオクレティアヌスは西暦303年2月に最初の勅令《ちょくれい》を発し、クリスチャンの書物や礼拝に必要な道具を没収し、教会を破壊し始めます。さらに、教会の司教や司祭たちを片っ端から逮捕し、皇帝を礼拝すればゆるすが、拒めば残酷な方法での死刑、または流刑、という厳しい処罰を宣言しました。

こうした一連の迫害は、「ローマ帝国の歴史におけるキリスト教への最大で最後の迫害」とされますが、仕かけた張本人は東方正帝ディオクレティアヌスではなく、東方副帝ガレリウスです。ローマ帝国の西側でも呼応して同種の迫害が行《おこな》われましたが、程度に地域差があり、西方副帝コンスタンティウス・クロルスの領土（現在のイギリス、フランス、スペイン、ポルトガルの地域）では、ほとんど迫害は行われませんでした。

３０４年に東方正帝ディオクレティアヌスが病床に伏すと、東方副帝ガレリウスは健康面に問題を抱えていては統治は無理だと彼を説得して西方正帝と同時に退位させ、自分が東方正帝に昇格します。西方副帝から西方正帝にくり上がったコンスタンティウス・クロルスの息子コンスタンティヌスを自分の宮殿に招いて人質にしたガレリウスは、さらに、自分の腹心と甥を東西の副帝に据えて、帝国の単独支配を試みます。キリスト教最大の敵であるガレリウスによる帝位の簒奪《さんだつ》は、このように着実に進行していました。

「全帝国をわがものとし、今度こそクリスチャンどもを根絶やしにしてやる――」

ガレリウスがクリスチャン根絶に執念を燃やした理由は記録されていませんが、そのような強い信念を抱かせる、なんらかの体験があったのでしょう。その後、ガレリウスが単独皇帝となっていたら、こんにちのキリスト教はなかったかもしれません。

明暗が分かれた東西皇帝の闘争の果てに

ガレリウスが東方正帝となった西暦305年当時、西方正帝コンスタンティウス・クロルスの息子コンスタンティヌスは、先に述べた通りガレリウスの人質となっていました。ですが、勇猛果敢な資質に恵まれたコンスタンティヌスは、みずから脱出して父と合流し、父の死後は軍の支持を得て西方正帝となります。一方、ガレリウスに西方正帝を退位させられたマクシミアヌスの息子マクセンティウスも決起し、ローマを奪われた東方副帝は自殺。マクシミアヌスが西方正帝に返り咲き、東方正帝ガレリウスの軍を撃破します。敗北感で絶望したガレリウスは体調を崩し、戦友のリキニウスに東方正帝の座を託すと、表舞台から退きました。

東西の正帝と副帝が次々に入れ替わり、新たに皇帝として名乗りを上げる者が続出し、ローマ帝国の皇帝を名乗る者が7人も同時に存在する史上初の椿事《ちんじ》となります。

クリスチャンの迫害は、東方副帝から正帝となったガレリウスが主導していたことなので、帝国東側で多く見られました。西側では、そこまで本格的な弾圧ではありませんでした。ガレリウスの隠居後も帝国東側では依然として弾圧が続いていたのですが、下半身が腐る謎の奇病に冒され苦しみ続けるガレリウスに、腹心たちが意見しました。

「このご病気は、クリスチャンどもを迫害したことが原因ではないでしょうか。だとすれば、彼らの弾圧を中止すれば、ご病状は快方へ向かうかもしれません」

痛みに悶え苦しむガレリウスは、わらにもすがる思いで、311年4月30日、クリスチャンの弾圧を中止する勅令を出します。しかし、その5日後に死去しました。

その後、西方正帝として名乗りを上げたコンスタンティヌスは神の啓示を受け、自軍の旗と兵士たちの盾にイエス・キリストを示すギリシア語の頭文字XとPを組み合わせた紋章を描き、それを掲げてマクセンティウスの軍を破り、ローマを占領しました。

こうしてローマ帝国西側の単独支配者となったコンスタンティヌスは、313年に東方正帝リキニウスと会合し、クリスチャンの迫害を終了する「ミラノ勅令」を出します。それは、長く続いたクリスチャン弾圧時代の終了を意味しました。

ローマ帝国の西方正帝コンスタンティヌスと東方正帝リキニウスの休戦状態は、以後、9年続きました。322年、コンスタンティヌスは均衡《きんこう》を破り東へ軍を進め、リキニウスに連戦連勝し、ついには降伏させます。コンスタンティヌスは、妹婿でもあるリキニウスを、ゆるしました。ですが、リキニウスはその後、処刑され、コンスタンティヌスによるローマ帝国の単独支配体制が確立されます。コンスタンティヌスはリキニウスとの戦いを終えたあと、東西を結ぶ要衝であるビザンティウムを新たな都と定めました。

「わが名を取り、以後、この新たな帝都をコンスタンティノープルと称する！」

このコンスタンティノープル（旧ビザンティウム）が現在のイスタンブールで、東洋と西洋の歴史と文化が混ざり合う交差点として、唯一の存在感を今も有しています。

迫害から勝ち組に転じたことによる反動

神の教えに従い、イエス・キリストの紋章を掲げて連戦連勝したコンスタンティヌスは、自分がローマ帝国の単独皇帝にまで上り詰められたのは神のご加護だと信じました。ただし、彼は、キリスト教の唯一神とローマ帝国で信じられていた至高の太陽神を同一視し、ほかの神々への人々の信仰も認めました。コンスタンティヌスは、新たな帝都コンスタンティノープルにキリスト教の荘厳な教会をつくり、異教の神々の像は撤去させましたが、異教へも理解は示し、弾圧は行《おこな》いませんでした。そのおかげで、異教徒から大きな反発は出ず、皇帝が優遇するキリスト教の地位は上昇し続けます。

かつて初代教会におけるキリスト教のミサ（聖餐式《せいさんしき》）は、個人の住居や「カタコンベ」と呼ばれる地下墓地などで普段着の司祭により催《もよお》されていましたが、皇帝コンスタンティヌスの庇護のもと、ミサは膨大な会衆を収容できる巨大な教会で執《と》り行われるようになり、司祭は豪奢《ごうしゃ》な服で身を飾り、従者たちを従えた行列で入祭し、祭壇には薫香《くんこう》が捧げられました。現在のカトリック教会に受け継がれているこうした荘厳な典礼は、プロテスタント教会から「装飾的すぎる」と批判されるポイントにもなっています。

初代教会が誕生してからの300年、クリスチャンたちは、常に厳しい迫害に晒《さら》されてきました。ところが、ローマ帝国の単独皇帝となった絶対的支配者のコンスタンティヌスがキリスト教を庇護し始めると、教理すら知らない者たちが地位や名誉を得るために教会に殺到し、教会は富裕層に利用される道具となってしまいました。そうした新たな状況は、苦難に耐え忍ぶというキリスト教の美徳の対極にあるものでした。

「こんな華美《かび》で贅沢な世界は、われわれが信じた清貧《せいひん》なキリスト教ではない！」

そのように失望した一部のクリスチャンたちは、キリスト教が異様な発展を見せ始めた都市から去り、エジプトやシリアの広大な砂漠で、真理を求めて孤独に修行するようになりました。「隠修士《いんしゅうし》」と呼ばれた彼らが、現在の「修道士」のルーツとなります。

ところが、都市での堕落した信仰生活に背を向けて砂漠で孤独に修行をするはずが、そのような者たちの存在が人々に知られると、一種の流行――ムーヴメントのようになってしまいました。ついには、都市より砂漠で暮らす人のほうが多いのでは、と錯覚するほどの状況になります。砂漠の隠修士として名を成したアントニオスなどは、たくさんの弟子志願者から追い回されて、孤独な精神修行をするどころではなかったようです。

また、砂漠での修行時代に天使のお告げを聞いた隠修士パコミオスは、彼の本意ではなかったのですが、西暦323年、弟とともに、多くの修道士たちが暮らせる修道院をエジプトの廃村に創設します。これは、隠修士としてバラバラに活動していた個人が、修道院に属する修道士となった最初の事例でした。パコミオスが定めた194項目の規則は、歴史上初めての修道会則となります。パコミオスの修道院は新たな時代のニーズにマッチして、346年に亡くなるまでのあいだに、彼は9つの男子修道院とふたつの女子修道院を開設し、以後も修道院制度が発展するきっかけをつくりました。

教義の解釈をめぐる大論争が帝国を揺さぶる

皇帝コンスタンティヌスが覇権を確立し、キリスト教会の地位が向上するのと前後して、教会内では、教義の根本部分をめぐる大きな論争が始まっていました。

事の発端は、コンスタンティヌスがローマ帝国の西方正帝として、東方正帝リキニウスとまだ争っていた頃のことでした。リキニウスの領土にあるアレクサンドリア教会の司教アレクサンドロスと、同教会の長老アリウス（アレイオスとも表記されます）との議論が、すべてのはじまりとなります。

キリスト教では、「イエス・キリストは人であり、同時に神である」という点について、カルト宗教などの特殊な異端を除き、正統派の全教派で解釈が一致しています。それは、正統派のキリスト教とカルト宗教を見分けるポイントのひとつです。イエスを神だと見なすことについては、クリスチャンのだれからも異論は出ないのですが、イエスが「父」と呼ぶ「父なる神」と、「子なる神」イエスの関係性が議論の中心点でした。

長老アリウスは、次のように主張しました。

「神としてのイエス様は、弟子たちにおっしゃっていた通り、世界が創造される前から存在されていた。ただし、『父なる神』と同格ではない。『父』と『子』が仮に同格なら、唯一ではなく複数の神が存在することになってしまう。ゆえに、イエス様も、あくまで唯一神である『父なる神』につくられた存在——被造物《ひぞうぶつ》——のひとつだと考えられる」

司教アレクサンドロスは、その意見には同意せず、「イエス様は、つくられたわけではない。最初から『父なる神』とともに存在していたのだ」と、反論します。

あなたがノン・クリスチャンの読者なら、「そんな細かいこと、どっちでもいいんじゃないの？」と思われるかもしれませんが、クリスチャンにとっては極めて重大な問題でした。なぜなら、イエス・キリストも「父なる神」の被造物のひとつなら、クリスチャンは、本来は禁じられている、被造物への礼拝を行っていることになるからです。

長老アリウスが一歩も譲らないので、アレクサンドロスは司教としての権限を行使し、彼の役職を剥奪《はくだつ》します。それを受けて、アリウスは各地の司教に手紙を出して自分を支持するように訴え、彼の側に立つクリスチャンたちは抗議の声を上げ続けました。

その頃、ローマ帝国の東方正帝リキニウスに勝利したコンスタンティヌスは、アリウスたちの論争を知ると、旧知の司教に調停を命じますが、もはや簡単には決着をつけられないほど、問題は大きくなっていました。そこで、今やローマ帝国の単独皇帝となったコンスタンティヌスは、その絶大な権力を行使して、キリスト教の歴史上初めて、各地の司教を集めた「公会議」を325年にニケア（ニカイアとも表記されます）で開催。キリスト教史において、のちに「第1回公会議」と呼ばれる、「ニケア公会議」です。

ニケア公会議のために、ローマ帝国の各地から300人以上の司教が集められ、クリスチャンの庇護者となったものの、いまだ洗礼は受けていなかった皇帝コンスタンティヌスが議長を務めました。キリスト教史上初の公会議は、アリウスの主張が最大の議題となりました。アリウス自身は、司教の地位になかったため参加できず、アリウス派を代表するのは、ニコメディアのエウセビオスでした。この会議には、『教会史』を記したカイサリアのエウセビオスも参加していましたが、ふたりは同名の別人です。

ニコメディアのエウセビオスは、彼らアリウス派の主張が真理だと信じて発言しましたが、参加した司教たちの多くは憤《いきどお》りをあらわに彼を罵倒《ばとう》しました。アリウス派の主張を明確に否定するために、公会議では、のちに「ニケア信条」と呼ばれる教義が決定されました。その中には、いわゆる「三位一体《さんみいったい》」の教義も初めて記されました。

「イエスは人であり、同時に神である。神は『父』と『子』と『聖霊』という3つの位格を持つが、複数に分かれた存在ではなく、あくまで、三位一体の神である」

司教たちはニケア信条に賛同する署名をし、ニコメディアのエウセビオスたちアリウス派は、公会議後に追放されることになりました。しかし、ニコメディアのエウセビオスは狡猾《こうかつ》かつ執念深い人物で、その後、事態は意外な展開を見せます。

時の皇帝の方針で二転三転する中心的教義

西暦325年のニケア公会議でアリウス派は完全敗北し、論争には明快な決着がついたはずでした。ところが、アリウス派のリーダーであるニコメディアのエウセビオスは、コンスタンティヌスの遠戚であった伝手《つて》を利用し、皇帝に個人的に接触します。皇帝が夏を過ごす宮殿がニコメディアにあったこともあり、エウセビオスはコンスタンティヌスと頻繁に会合を重ね、手練手管《てれんてくだ》を駆使し、ついに彼の信頼を得るに至ります。

「お前の話を何度も聞いているうちに、アリウス派に一理ある気がしてきた」

専門家にとっては微差こそが大切ですが、素人にとっては、微差は気になりません。瑣末《さまつ》なことより、取引先との相性が重視されることは、現代社会の交渉でもよく見られます。ニコメディアのエウセビオスにすっかり洗脳されたコンスタンティヌスは、彼自身が追放したアリウス派を呼び戻す命令を下します。神学的な論戦ではなく、いち個人の政治的な交渉で、キリスト教の掲げる真理の矛先が正反対に転向されたのです。

いったん追放された身のアリウスが帝都コンスタンティノープルの司教に抜擢《ばってき》されたほど状況は変わりましたが、既に高齢（86歳）であったアリウスは実際に司教に就任する前に亡くなり、彼の論敵であったアレクサンドロスも既に亡くなって8年が経過していました。その後、アレクサンドロスの秘書アタナシウス（アタナシオスとも表記されます）がアレクサンドリア司教となり、跡を継ぐことになります。アタナシウスは、若い頃にアントニオスら砂漠の隠修士と親しく交流していたことを自著に記しており、そのまっすぐな信仰姿勢は、論敵のアリウス派からも尊敬されているほどでした。

ニコメディアのエウセビオスらアリウス派は、アタナシウスの信望と影響力を恐れ、「奴は魔術を使う」という根も葉もない悪い噂を流し、それがキリスト教会に広がります。アタナシウスは、みずからコンスタンティヌスの前に出て弁解を試みますが、ニコメディアのエウセビオスの陰口もあり、皇帝の不興を買い、追放されてしまいました。

ニコメディアのエウセビオスは、コンスタンティヌスに取り入ることに成功し、皇帝を説き伏せ、死ぬ間際に洗礼を受けさせます。キリスト教の歴史を変えたコンスタンティヌスは、こうして、帰天する直前に史上初のクリスチャン皇帝となったのです。

コンスタンティヌスの死後、彼の3人の息子たちはローマ帝国を分割支配し、アリウス派とアタナシウス派のどちらを支持するかで、意見は割れました。その後、353年に単独皇帝となったコンスタンティウス2世はアリウス派で、シルミウムで開催された公会議ではニケア公会議の決定が覆され、アリウス派こそが正統だと認定されました。

しかし、皇帝コンスタンティウス2世は急死し、従弟のユリアヌスが皇帝に即位します。ユリアヌスはキリスト教に反対していたので、アリウス派とアタナシウス派を戦わせることで、キリスト教全体を弱体化させることを目論《もくろ》みます。

「追放されていたアタナシウスを呼び戻せ！　アリウス派と争わせるのだ」

アタナシウスが復権したことで、彼の派閥は、ふたたび活力を取り戻します。

過去の失敗で学習していたアタナシウスは、「父なる神」と「子なる神」の区別を重視するアリウス派の姿勢に譲歩し、双方の神は同質であるが、「父」と「子」の区別は確かにある、と論敵の主張を部分的に認めました。この歩み寄りによって、381年に開催されたコンスタンティノープル公会議では、ニケア公会議で出された結論が、ふたたび採択されました。つまり、「父なる神」と「子なる神」の区別はあるが両者は同質であり、「子なる神」は「父なる神」に創造されたわけではなく、最初から存在している、と結論づけられたのです。この時に定められた「ニケア・コンスタンティノープル信条」は、現在のキリスト教会においても、多くの教派で実際に使用されています。

親族を殺された悲運の皇帝による妨害

キリスト教を庇護した最初のクリスチャン皇帝コンスタンティヌスの死後、帝都コンスタンティノープルにいた皇帝の親族の大虐殺があり、生き残った3人の息子が帝国を分割統治する形で落ち着きました。また、コンスタンティヌスの甥（異母弟の息子）にあたるガッルスとユリアヌスの兄弟は、まだ幼かったため見逃され、いずれ後継者が必要になった時のために生かされました。

帝国を分割支配していた3兄弟の中で、単独皇帝となったコンスタンティウス2世は、成長したガッルスを副帝に任命します。その間、ユリアヌスは、ひたすら学問に没頭する中で、キリスト教の信仰を棄てて古代ギリシアの宗教に傾倒していきました。

皇帝コンスタンティウス2世は、副帝ガッルスを謀反《むほん》の疑いで処刑した際、弟ユリアヌスのことも疑います。しかし、ユリアヌスの疑いは晴れ、今度は彼が亡き兄の代わりに副帝に抜擢されました。学問ばかりしていたユリアヌスへの期待値は低かったですが、彼はローマ帝国西側のガリア地方をよく統治し、その地で信望を高めていきます。

やがて、副帝ユリアヌスは、兵士たちに担《かつ》ぎ上げられる形で、正帝コンスタンティウス2世に自軍を向けました。コンスタンティウス2世は、これに激怒します。

「恩知らずのユリアヌスめ！　学問のしすぎで己《おのれ》を過信し、血迷ったか？」

コンスタンティウス2世は、従弟ユリアヌスを武力で圧倒するべく応戦の準備をする中で病死。361年、ユリアヌスは、ついにローマ帝国の正帝に上り詰めました。

皇帝となったユリアヌスは、彼自身も最初はクリスチャンだったので、キリスト教を迫害するのではなく、みずからの学識に基づいて批判することを選びました。

「力でねじ伏せるのは、野蛮人のすることだ。わたしは武力ではなく、ペンの力でキリスト教を屈服させてやる。キリスト教が真理ではないと、証明してみせよう」

ユリアヌスはキリスト教批判の著作『ガリラヤ人論駁《ろんばく》』と、古代ギリシアの宗教を賛美する書『王なる太陽への賛歌』を記します。彼は、コンスタンティノープルから運び出されていた古代の神々の像を元に戻させる一方、キリスト教の聖職者をマネた位階を古代宗教に制定し、みずから祭司長に就任しました。幼い頃からキリスト教に接してきた彼にとって、否定しながらも影響を強く受けていたからこそ模倣したのでしょう。

ユリアヌスは、武力ではなく、自分が信じる真理の力でキリスト教に勝利することを望んでいました。ですが、彼は敵国との戦闘中に、あっけなく戦死し、ローマ帝国はまた、キリスト教を推し進める流れへと引き戻されました。亡くなる直前、ユリアヌスは「ガリラヤ人（＝キリスト教徒）よ、お前の勝ちだ」と言い遺したと伝えられます。

西暦339年頃、ローマのクリスチャンの家庭に生まれたアンブロシウスは、若い頃に文学や法律、修辞学を学び、彼が若い時に亡くなった父と同じく公職に就《つ》きます。そして、彼がミラノの執政官になったのは372年のことでした。

374年にミラノの司教が亡くなった当時、まだローマ帝国内でアリウス派とアタナシウス派の大論戦が続いていたので、双方が司教候補を擁立《ようりつ》する事態となります。ミラノ教会で司教選挙が行われる当日、両陣営の関係者は一触即発の緊張状態でした。いつ暴動が起きてもおかしくない中、アンブロシウスは執政官として、冷静さを保つように、言葉巧みに大衆に呼びかけます。司教候補のふたりよりアンブロシウスのほうが存在感があったようで、集まった大群衆の中から「アンブロシウスこそが司教だ！」という声が自然に上がると、人々は「そうだ！」と拳を振り上げて次々に同意し、「アンブロシウスこそ、われらのミラノ司教だ！」と叫ぶ熱狂の渦が大きくなり続けました。

現代のカトリック教会においては、聖職者を志す者たちは、神学校などで必要な知識や心構えを数年かけて養成されたのち、まず助祭に、その後、司祭に叙階されます。さらに司祭の中から、教区の責任者である司教に叙階される者もいます。時代が違うとはいえ、アンブロシウスは、まだ洗礼すら受けていない身でしたから、その彼がいきなり司教になるというのは、当時でも考えられないことでした。ところが、アンブロシウスの絶大な人気がローマ帝国の西方正帝グラティアヌスの耳に入ると、皇帝からも強く希望される形となってしまったことで、アンブロシウスは立場的に拒めなくなりました。アンブロシウスは取り急ぎ洗礼を受けると、その1週間後にはミラノ司教となります。受洗から司教まで1週間で上り詰めたのは、キリスト教の全歴史を通じて、このアンブロシウスしか存在しないでしょう。また、それ以前に公職にあったものが司教に転じたというのも、これが歴史上初めての事例となりました。

「アンブロシウス司教なら、われわれ信徒を正しく導いてくれるはずだ!」

そんな人々の期待は過分ではなく、司教となってからも、アンブロシウスの活動は人々の尊敬と信頼と人気を集めます。彼の説教に感銘を受けて彼から洗礼を受けた教え子のひとりに、のちに初期キリスト教最大の教父となるアウグスティヌスもいました。

当時の東方正帝テオドシウス1世は、アタナシウス派を支持するクリスチャン皇帝でした。先に述べた通り、381年のコンスタンティノープル公会議で、アリウス派は異端として退けられ、アタナシウス派が最終的な正統派教理として確立されていました（86ページ参照）。ただし、アリウス派がすぐに完全消滅したわけではありません。

383年に西方正帝グラティアヌスが戦死し、彼の弟ウァレンティニアヌス2世が新たな西方正帝となりましたが彼は傀儡《かいらい》で、実権を握る母ユスティナは、アリウス派にミラノ教会を使わせるように、アンブロシウスに要求します。ミラノ教会が軍に包囲される事態となっても、アンブロシウスは教会の中に信徒たちとともに立てこもり、聖歌を歌って互いに励まし合い、相手を根《こん》負けさせます。その後、ウァレンティニアヌス2世が392年に暗殺されると、東方正帝テオドシウス1世が西側に侵攻し、単独皇帝となりました。彼は、東西ローマ帝国を両方統治した最後の皇帝です。

390年、テサロニケの闘技場で開催される戦車競技の馭者《ぎょしゃ》として人気を集めていた男を、当時は犯罪だと定められていた同性愛の容疑で現地の総督《そうとく》が逮捕しました。民衆は馭者の釈放を要求しましたが、応じなかった総督は殺され、暴動が巻き起こります。

暴動の知らせを受け、激怒するテオドシウス1世に、アンブロシウスは「暴力に暴力で応じることのないように」と進言しましたが、テオドシウス1世は聞き入れたふりをして、正反対の行動に出ます。彼は「暴動のことは、ゆるす」と民衆に伝え、祝賀会を開くという名目で闘技場に彼らを集め、軍に命じて7000人を虐殺しました。メンツがあったとはいえ、総督ひとりを殺された報復としては、あまりにも行き過ぎです。

この暴挙を受け、アンブロシウスは教会会議でテオドシウス1世の有罪を宣告し、悔い改めるまで皇帝を教会から破門すると発表しました。テオドシウス1世は、ほとぼりが冷めるのを8カ月待ち、なにごともなかったかのようにミラノ教会を訪れましたが、アンブロシウスが立ちはだかり、中へ入らないように手で制止しました。

「悔い改めるまで、あなたには、この聖なる場所に入る資格がありません」

皇帝の護衛がアンブロシウスを力ずくで押しのけようとしますが、テオドシウス1世はそれを制し、民衆が見守る中、みずからの犯した罪を認め、悔い改めました。

「いや……アンブロシウスの言う通りだ。わたしは罪を犯してしまったと認める。わたしのしたことは間違っていた。どうか、神のゆるしをわたしに与えてほしい」

テオドシウス1世は、それからもアンブロシウスを信頼し、死の寸前にも彼を呼び寄せたと伝えられています。392年、テオドシウス1世が発した「異教徒禁止令」によって、キリスト教は、ついにローマ帝国の国教に指定されました。395年に亡くなる前、テオドシウス1世はローマ帝国を東西に分けて、ふたりの息子が統治するようになりました。以前もローマ帝国が東西に分割統治されていたことはありますが、395年は「西ローマ帝国」と「東ローマ帝国」に正式に分かれた、決定的な東西分裂でした。

聖書を苦労して翻訳した賢人の孤独と絶望

4～5世紀を代表するクリスチャン知識人のひとり、ヒエロニムスは、若い頃にはキリスト教に強い関心はなかったのですが、修辞学や哲学を学ぶためにローマに留学した時に、洗礼を受けてクリスチャンとなりました。ローマでは、ギリシア語とラテン語も学習していました。彼は若者特有の性的な妄想に苦しみながら、ひたすら学問に打ち込もうとしていましたが、20代後半に大病をした時に宗教的な夢を見て以後は、聖書とキリスト教の研究に打ち込むようになります。禁欲的な生活を求めてシリアの砂漠の修道院で精神修行していた時期には、ヘブライ語を学習しました。旧約聖書の原語であるヘブライ語は彼にとって、人生を懸《か》けて学習するに値する「聖なる言語」だったのです。

修道院での修行は3年足らずで終え、ヒエロニムスは叙階されて司祭となり、ローマへ戻り、ローマ司教ダマスス1世から秘書に抜擢され、才能を認められました。

「ヒエロニムス、きみには人一倍、語学の才能がある。旧約聖書を原語のヘブライ語から直接ラテン語に訳す、新しい翻訳に挑戦してみてはどうだろう」

キリスト教の新約聖書は、おもにギリシア語で記されていますが、旧約聖書はヘブライ語で書かれており、それをギリシア語に訳した「七十人訳」と呼ばれる翻訳が広く用いられていました。七十人訳のギリシア語をさらにラテン語に訳した聖書は既に存在していましたが、原語のヘブライ語から旧約聖書を直接ラテン語に翻訳してはどうかと、ダマスス1世は語学の得意なヒエロニムスに提案したのです。ヒエロニムスにとっても、それは、やり甲斐のある大きな挑戦で、彼の後半生を懸ける挑戦となります。

ヒエロニムスは堅物で気難しく、男友達はほとんどおらず、女性への性的妄想を抑えられないことに苦しんでもいました。ですが、ローマで共同生活を送る裕福な未亡人たちのコミュニティと出会い、彼女たちが彼の心のよりどころとなりました。ヒエロニムスは彼女たちにギリシア語とヘブライ語を教え、聖書について意見交換をすることで精神が満たされ、ようやく歪《ゆが》んだ性的欲求から解放され、大きな慰《なぐさ》めを得ました。そのコミュニティにはアンブロシウスの妹もいましたし、中心人物であるパウラと、彼女の娘エウストキウムは、以後、生涯を通じてヒエロニムスを支え続ける特別な存在となります。人生で初めて女性たちと健全な関係を築くことに成功したヒエロニムスは、かつての自分に似た者たちに優越感を抱いたのか、ローマの聖職者の倫理の乱れを批判し、そのことが、のちに彼に禍《わざわい》を招くこととなります。

西暦384年、ヒエロニムスの最大の後見人であったダマスス1世が死去すると、次のローマ司教は彼の学識には敬意を払いませんでした。後ろ盾を喪《うしな》ったヒエロニムスは、ローマの聖職者たちから「あいつは未亡人たちと不適切な関係を続けている」と批判されます。さらに悪いことに、ヒエロニムスの助言で元々の奔放《ほんぽう》な生活を改めて、禁欲的に暮らしていたパウラの若い娘のひとりが死ぬと、ローマの民衆からも「あの堅物先生が若い娘に無茶な禁欲をさせたせいだ」と、ヒエロニムスに批判が集中しました。

聖職者からも民衆からも激しい攻撃にさらされてローマにいられなくなったヒエロニムスは、聖書研究という目的もあり、エルサレムに新たな居《きょ》を定めます。ヒエロニムスの真の理解者であったパウラもローマを去ってエルサレムに同行します。裕福な貴族であったパウラは、ベツレヘムにふたつの修道院を建て、女子修道院のほうは彼女自身が指導し、男子修道院はヒエロニムスが監督することになりました。この地で、ヒエロニムスは、彼が生涯を捧げたラテン語訳聖書を、ついに完成させます。

しかし、ヒエロニムスが人生を懸けて翻訳を完了したラテン語訳聖書は、定評のある七十人訳聖書と内容の一致していない箇所が多々あり、当時最高の知識人と見なされていたアウグスティヌスからも彼に批判の手紙が届きました。ヒエロニムスは年下のアウグスティヌスを密かに尊敬していたので、自分の集大成となる翻訳にダメ出しされたことは、さぞかしショックだったことでしょう。

404年に最大の理解者パウラが亡くなると、ヒエロニムスは絶望し、生きる希望を見失います。彼にとってパウラは、それほど大きな存在でした。パウラの娘エウストキウムも亡くなると、420年、さらに深い絶望の中でヒエロニムスも帰天します。

完成当初は評価されなかったヒエロニムスのラテン語訳聖書は、やがて「共通訳」を意味する「ウルガタ」聖書と呼ばれ、現在でも教会で尊重されています。

異教から転向した最大の教父による論戦

のちに初期キリスト教最大の教父と見なされるアウグスティヌスは、西暦354年に北アフリカのタガステ（現在のアルジェリアのスーク・アフラス）で生まれました。彼の母モニカは敬虔《けいけん》なクリスチャンで、アウグスティヌスにキリスト教の教育を施《ほどこ》しますが、彼はカルタゴでの学生時代、母親から命じられた婚外交渉の禁止を無視してひとりの女性と関係を持つと、彼女と15年以上も内縁関係を続け、子も儲《もう》けていました。

アウグスティヌスは若い頃から真理の探究に強い関心があり、母モニカの影響で聖書は読んでいましたが、キリスト教の唯一神が善の存在なら、この世に悪が存在することがどうしても納得できず、マニ教の信者となります。グノーシス主義の影響を受けて3世紀にペルシアで生まれたマニ教は、「霊は光で物質は闇、両者は別物である」と説いていました。アウグスティヌスは、マニ教の教義は説得力があると最初は感じていたのですが、マニ教の教師たちは彼の核心をつく質問にだれも答えられず、失望します。

ミラノで修辞学の教師の職を得たアウグスティヌスは、今度は新プラトン主義の哲学に真理を求めました。そんな頃、母モニカの勧めもあり、アウグスティヌスは、高名なミラノの司教アンブロシウスの説教を聞きに行きます。キリスト教の聖書には、アウグスティヌスがとても受け入れられない箇所が多くあったのですが、アンブロシウスの説教は、聖書の表面的な言葉の裏にある深い意味を彼に感じさせました。アウグスティヌスはアンブロシウスと親しく交流するようになり、キリスト教への理解と傾倒を深めます。アウグスティヌスは自著の中で、アンブロシウスについて、こう語りました。

「彼は、実の父親がそうするように、私を歓迎し、受け入れてくれた。そして、私は、最初は真理の教師としてではなく、親しい友人として、彼を愛し始めていた」

その後、アウグスティヌスは母モニカがセッティングした未成年女子との婚約を受け入れ、15年以上もともに暮らした内縁の妻との関係を解消し、その罪悪感で苦悩します。しかも、婚約者が成人するまで待つ2年間、彼は別の女性とも関係を持ちました。この時期の彼は、「神よ、私に貞潔《ていけつ》と無欲を与えてください。できれば、もう少し先に」という有名な祈りをしています。苦悩した末に、彼は婚約者との関係も解消します。現代の感覚からすると身勝手すぎる話ですが、それが偉大な教父のリアルな姿でした。

そして、387年4月24日から25日にかけての復活徹夜祭において、アウグスティヌスは敬愛する司教アンブロシウスから洗礼を受けて、ついにクリスチャンとなります。その後、母モニカは帰天し、いっしょに受洗した息子も亡くなりました。肉親を相次いで喪ったアウグスティヌスは、以後はキリスト教に深く専心することになります。

391年、アウグスティヌスは北アフリカのヒッポの地で司祭に叙階され、395年に司教となりました。それから430年に亡くなるまでヒッポ司教であり続けたので、「ヒッポのアウグスティヌス」として知られることになります。聴衆の心を動かすアウグスティヌスの説教と彼の著作は、当時からキリスト教会で大きな評判となりました。

アウグスティヌスの初期の著作は、かつて彼が信仰していたマニ教を論理的に批判する箇所もありました。彼は友人たちをマニ教に引き込んでしまったことに責任を感じていたのです。また、当時、評判の良かったペラギウスという修道士が広めた、「人間は神の恩寵《おんちょう》（恵み）がなくても、努力によって罪を克服して救済されることが可能である」というペラギウス主義が広まっていました。アウグスティヌスは著書の中でこれに反論し、「神の恩寵なくして人間の力だけで救われることはできない」と説きました。

アウグスティヌスの主張は新奇性もあり最初は広く受け入れられませんでしたが、時間の経過とともに承認され、逆に、ペラギウス主義は衰退して消滅しました。

やがて、ゲルマン民族のヴァンダル族が侵入してきて、ヒッポの街を取り囲む中で、アウグスティヌスは亡くなりました。その後も彼の著作は時を超えてキリスト教会に大きな影響を与え続け、初期キリスト教会最大の教父と見なされています。

蛮族《ばんぞく》の侵略により西方帝国が崩壊

地中海の周辺世界に君臨していたローマ帝国は、常に安泰だったわけではなく、外敵の脅威は以前から存在していました。4世紀後半、中央アジアで勢力を増していた獰猛《どうもう》な遊牧民のフン族が西へ――つまり現在のヨーロッパ方面へ――大侵攻してくると、彼らに追いやられる形で、ゲルマン民族が次々に南下し、ローマ帝国の領土内に雪崩《なだれ》のごとく侵入してきました。いわゆる「ゲルマン民族の大移動」です。

ゲルマン民族とは、ローマ帝国より北で生活していた複数の民族の総称で、彼らは文字を持たなかったため、それ以前の記録は存在せず、くわしいことは、わかっていません。西暦375年、西ゴート族がドナウ川を越えてローマ帝国に侵入したのが、以後200年続くゲルマン民族の大移動のはじまりであった、とされています（この蛮族の「ゴート」という名前が、建築や美術の「ゴシック」や現代の「ゴス文化」の語源です）。

西ゴート族はローマを経由し、現在はスペインとポルトガルがあるイベリア半島まで逃げ延び、西ゴート王国を建国しました。アングロ・サクソン族は、大ブリテン島でアングロ・サクソン七王国を建国（イギリスのルーツ）。フランク族は、ライン川を越え現在のフランス北部でフランク王国を建国（フランスのルーツ）。ブルグンド族は、現在のフランス南部でブルグンド王国を建国（ブルゴーニュ地方のルーツ）。ヴァンダル族は、イベリア半島を経由し、ジブラルタル海峡を越えて、北アフリカにヴァンダル王国を建国。アウグスティヌスが亡くなる前にヒッポを包囲したのが、このヴァンダル族です。

395年にローマ帝国が東西に分裂したあと、西ローマ帝国は、西ゴート族、フン族、ヴァンダル族の相次ぐ侵入で蹂躙《じゅうりん》されます。抵抗できない西方皇帝は、蛮族の傀儡《かいらい》に成り下がります。476年にはゲルマン民族ヘルリ族の傭兵《ようへい》隊長オドアケルにより西方皇帝ロムルス・アウグストゥルスが退位させられ、これにより西ローマ帝国は滅亡しました。オドアケルは、その後、東ローマ帝国の皇帝ゼノンと良好な関係を築き、現在のイタリアの地域に自身の王国を築くことに成功します。世界史では一般的に、この西ローマ帝国の滅亡によって古代が終わり、中世が始まったと見なされています。

皇帝が退位し、西ローマ帝国が消滅しても、帝国に存在していた教会は、そのまま残りました。侵攻してきたゲルマン民族も、キリスト教の教会を必要としていたのです。

かつて西ローマ帝国があった地域の支配者となったゲルマン民族は、文字を持っていないため彼ら自身の文化を持たず、以前からローマ帝国の歴史と文化に憧れを抱いていました。そんなゲルマン民族の一部は、ローマ帝国に侵攻してくる以前からキリスト教を信仰していました。実は、かつてローマ帝国を出発した宣教師が、ゲルマン民族の中にキリスト教を広めていたのです。ただし、その宣教師が伝えていたのは、ローマ帝国では最終的に異端と結論づけられたアリウスの考え方でした。皮肉なことに、西ローマ帝国を滅ぼした蛮族によって、アリウス派は劇的な復活を遂げることとなったのです。

北アフリカを征服したヴァンダル族もアリウスの考えを信仰していたので、アリウス派は、急速に勢いを盛り返しました。ヴァンダル族はアタナシウス派を認めず迫害したので、北アフリカに存在していた多くの有力なキリスト教会が、この時に破壊されてしまうことになりました（ヴァンダル族の野蛮な破壊行為は人々の記憶に強く刻まれ、芸術や公共物を破壊する人物を示す英単語「ヴァンダル」は、現代でも広く用いられています）。

このようなゲルマン民族の大移動により、かつての西ローマ帝国は複数の民族によって支配、統治される時代になりました。そして、それぞれの地域が、のちのヨーロッパの国々へ、数百年の時間をかけ、中世において徐々に発展していくことになります。

第3章

暗黒の中世教会での教皇たちの愛憎劇

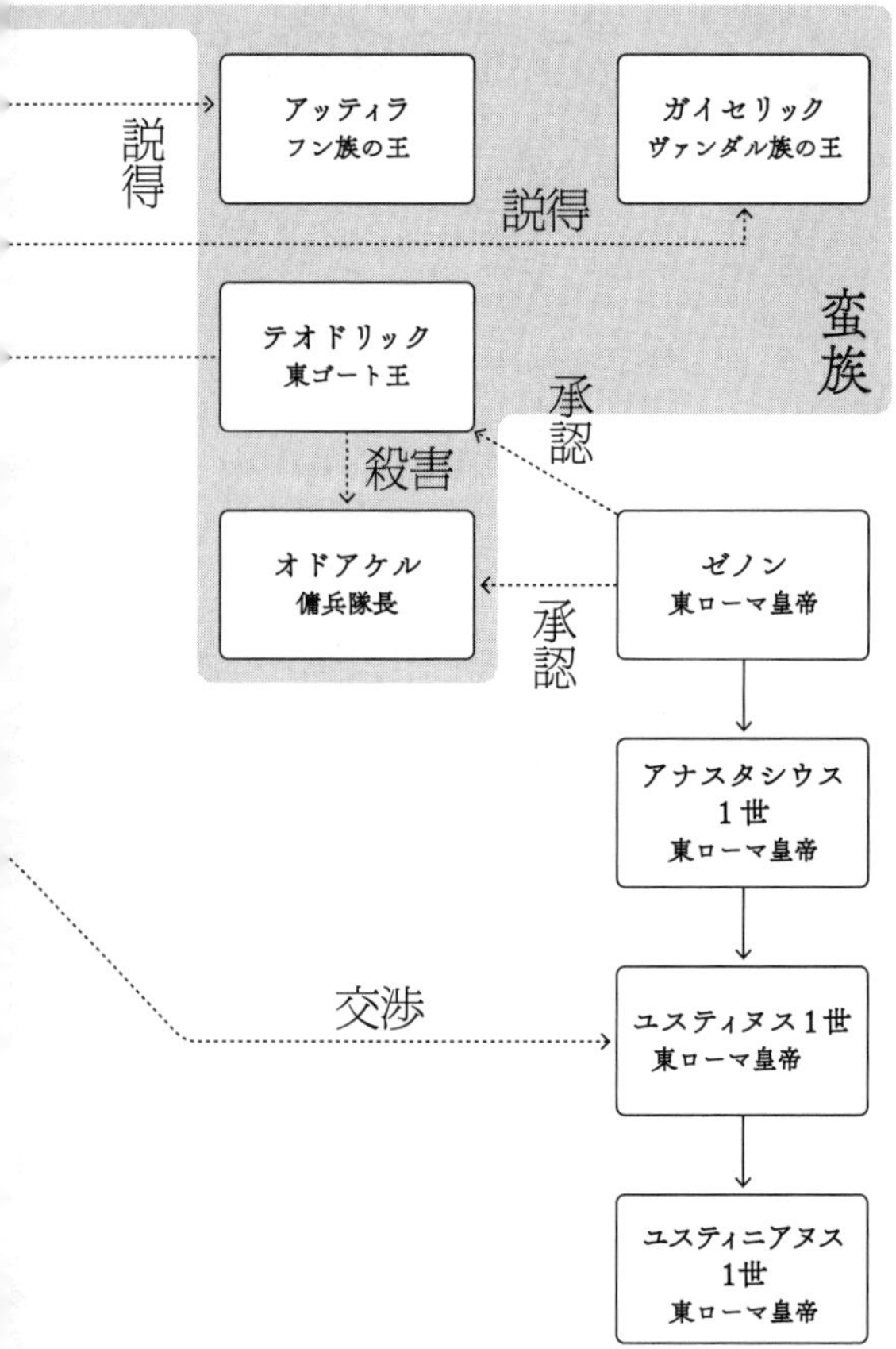

アッティラ
フン族の王
説得
ガイセリック
ヴァンダル族の王
説得
蛮族
テオドリック
東ゴート王
承認
殺害
オドアケル
傭兵隊長
ゼノン
東ローマ皇帝
承認
アナスタシウス1世
東ローマ皇帝
交渉
ユスティヌス1世
東ローマ皇帝
ユスティニアヌス1世
東ローマ皇帝

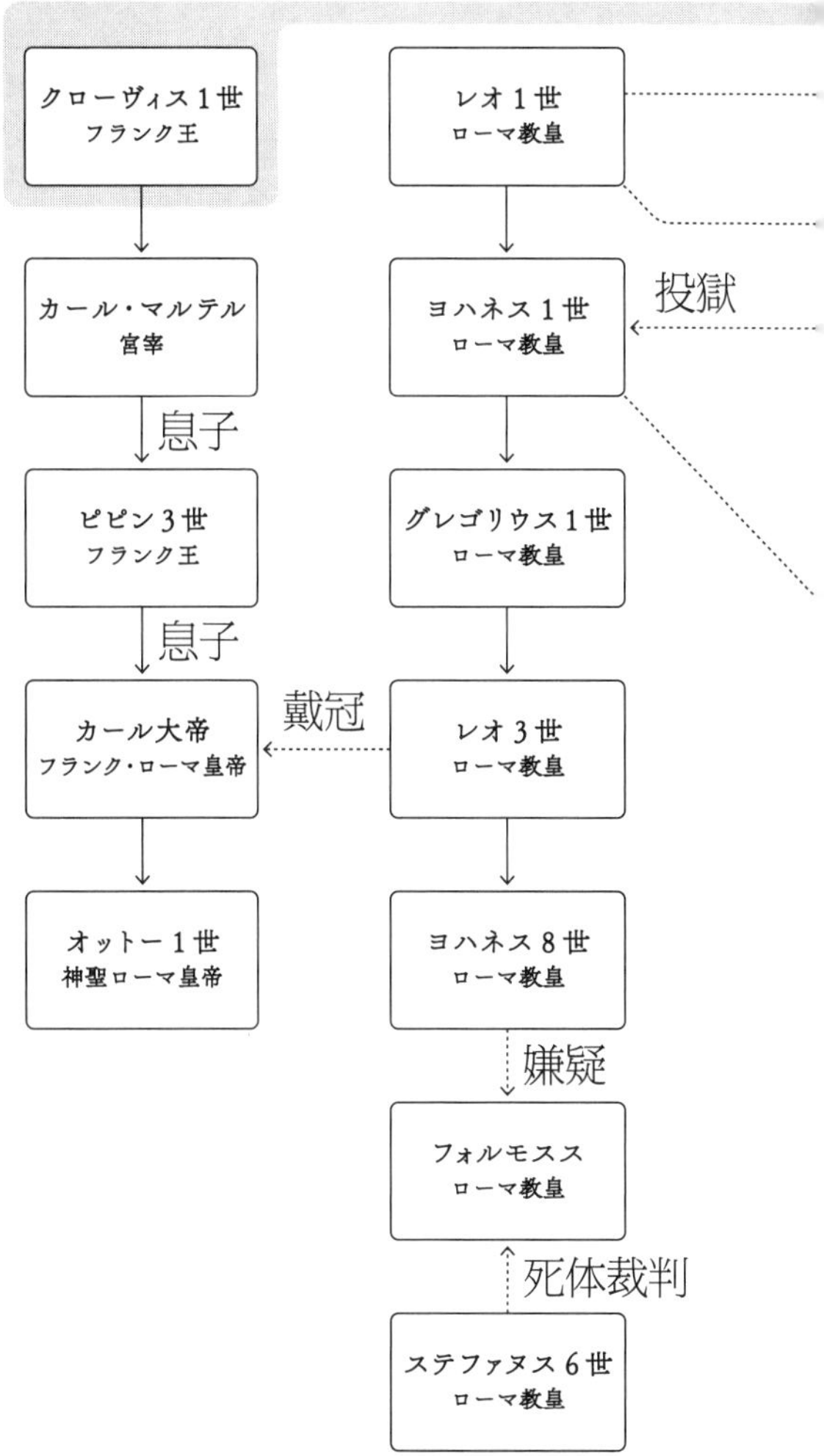
クローヴィス1世
フランク王
カール・マルテル
宮宰
息子
ピピン3世
フランク王
息子
カール大帝
フランク・ローマ皇帝
オットー1世
神聖ローマ皇帝
レオ1世
ローマ教皇
ヨハネス1世
ローマ教皇
投獄
グレゴリウス1世
ローマ教皇
レオ3世
ローマ教皇
戴冠
ヨハネス8世
ローマ教皇
嫌疑
フォルモスス
ローマ教皇
死体裁判
ステファヌス6世
ローマ教皇

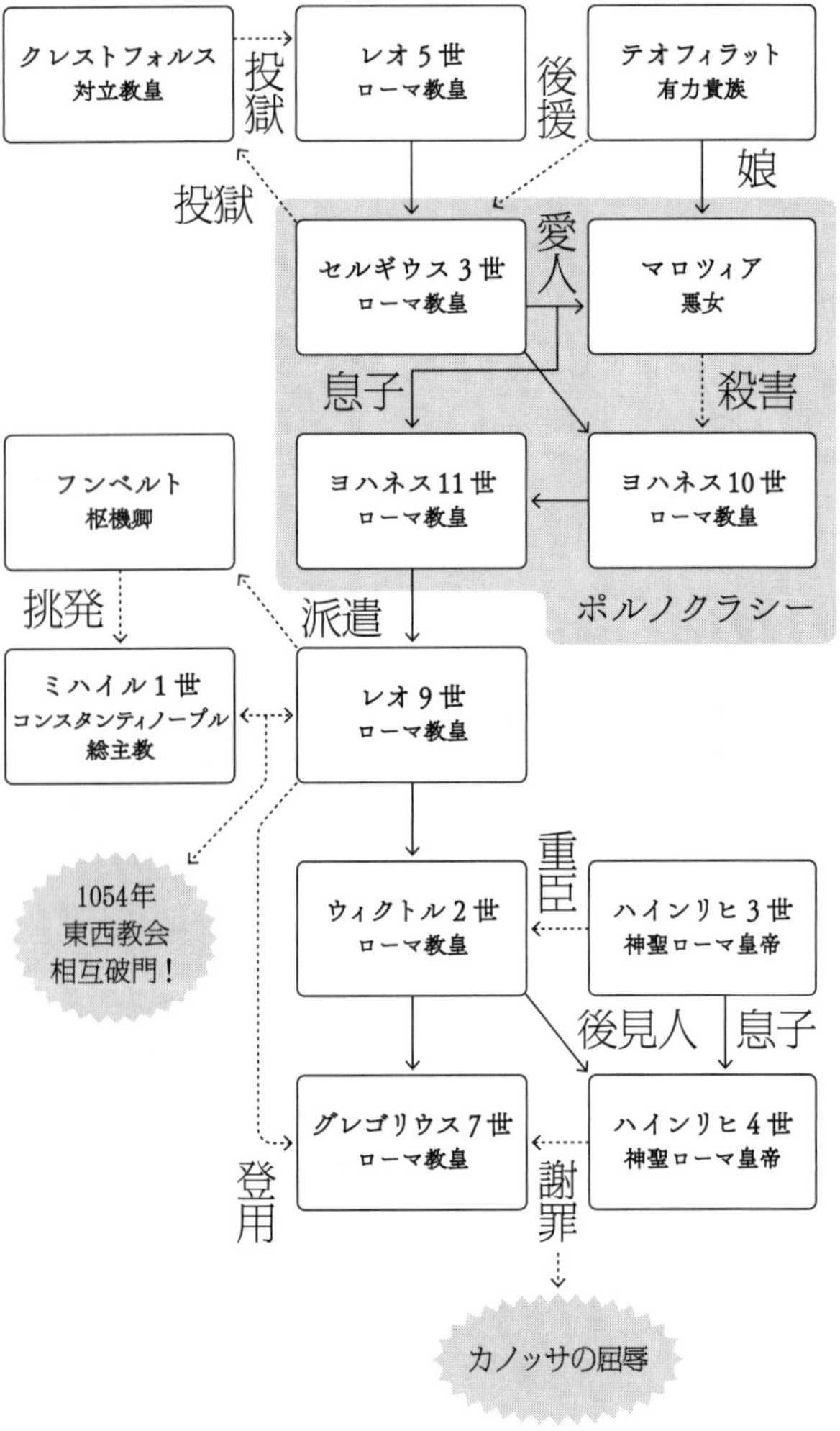

クレストフォルス
対立教皇
投獄
レオ5世
ローマ教皇
後援
テオフィラット
有力貴族
娘
投獄
セルギウス3世
ローマ教皇
愛人
マロツィア
悪女
息子
殺害
フンベルト
枢機卿
ヨハネス11世
ローマ教皇
ヨハネス10世
ローマ教皇
挑発
派遣
ポルノクラシー
ミハイル1世
コンスタンティノープル
総主教
レオ9世
ローマ教皇
1054年
東西教会
相互破門！
重臣
ウィクトル2世
ローマ教皇
ハインリヒ3世
神聖ローマ皇帝
後見人
息子
グレゴリウス7世
ローマ教皇
ハインリヒ4世
神聖ローマ皇帝
登用
謝罪
カノッサの屈辱

ラヴェンナ
ローマ
コンスタンティノープル
東ローマ帝国
アンティオキア
ペルシア帝国
エルサレム
アレクサンドリア
アラビア半島

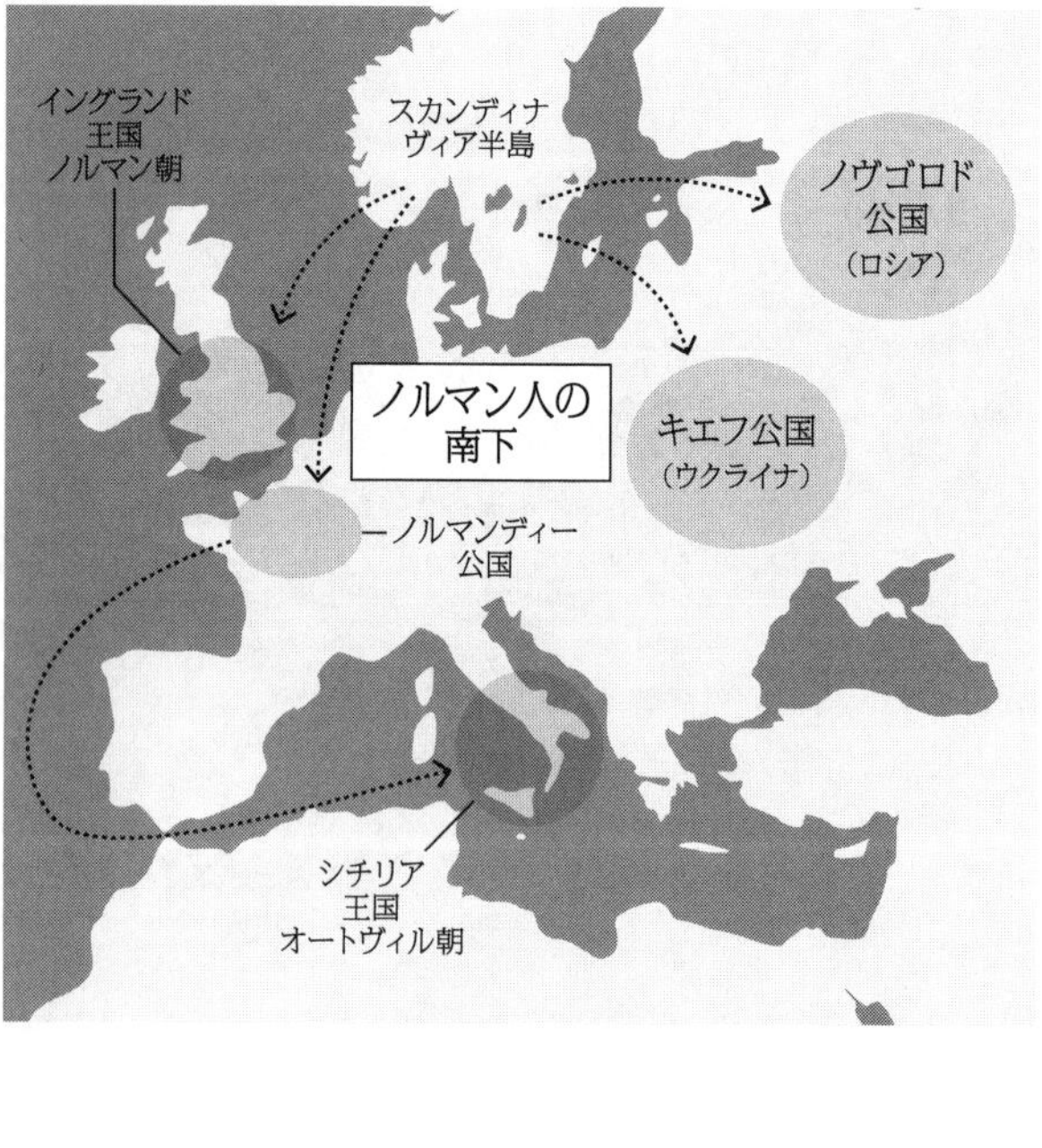
イングランド
王国
ノルマン朝
スカンディナ
ヴィア半島
ノヴゴロド
公国
（ロシア）
ノルマン人の
南下
キエフ公国
（ウクライナ）
ノルマンディー
公国
シチリア
王国
オートヴィル朝

相次ぐ蛮族《ばんぞく》の侵略に果敢に抵抗した教皇

2005年から2013年にローマ教皇を務め「学者教皇」と呼ばれた名誉教皇ベネディクト16世は、「レオ1世は、間違いなく、歴史上もっとも偉大な教皇のひとりである」と語りました。それ以前は「ローマ司教」と呼ばれていたのが、初めて正式名称として「ローマ教皇」と呼ばれるようになったのは、西暦440年に就任した教皇レオ1世からです。それまでも「ポープ（教皇）」は司教たちの愛称として用いられていたのですが、レオ1世の時代に、ローマ司教を示す特別な称号となりました。それは偶然ではなく、レオ1世の努力の結果でした。レオ1世は、ローマ司教こそが使徒《しと》ペトロの正統後継者であり、他の教会に対して首位権を有すると主張し、周囲に認めさせたのです。それまでは地方の司教のひとりで他との区別が曖昧だったローマ司教が、「他の司教の上に立つローマ教皇」だというブランディングに成功したのは、間違いなく、この「最初の教皇」レオ1世の絶大な功績です。

452年、フン族のアッティラ大王がローマに侵攻してきました。ゲルマン民族を追い散らした張本人であるアッティラ大王の南征に、ローマの人々は絶望しました。ですが、ローマ教皇レオ1世は、逃げるのでもなく、応戦するのでもなく、対話の道を選びます。

「われわれには主《しゅ》のご加護がある。異教の蛮族どもをローマから追い返そう」

ローマ教皇レオ1世は、危険を冒して、みずからアッティラと会談し、戦闘せずにフン族を撤退させることに成功します。この時にどのような会見がなされたのか伝わっていませんが、レオ1世を使徒ペトロと使徒パウロの霊が守護しているのをアッティラは見た、という伝説があり、ルネサンス期の画家ラファエロが、その場面を描いています。

さらに455年、北アフリカを支配下におさめたヴァンダル族の王ガイセリックが地中海を越えてローマに侵攻してきた際も、レオ1世は彼らの前に立ちはだかりました。ヴァンダル族がローマに迫る中、レオ1世は、みずからガイセリックと交渉します。

「この聖なる都は神に守護されている。だから、決して滅ぼしてはならない」

レオ1世の毅然《きぜん》とした態度は、ガイセリックの姿勢を軟化させました。ヴァンダル族はローマを占領したものの、教皇への敬意から殺戮や放火を行《おこな》うことは控えたのでした。

このように、圧倒的な武力で侵攻してきた強大な敵——フン族やヴァンダル族にも怯まず、あくまで話し合いで解決を求めた点も、彼が偉大な教皇とされる一因です。

レオ1世のこうした功績は、彼が終始一貫して「ローマ司教こそ使徒ペトロの後継者である」と信じていたことに由来します。レオ1世が主張した「キリスト教会におけるローマ教会の首位権」は、445年に西ローマ帝国の皇帝によって勅令で承認されました。個人の資質は別として、ローマ司教——ローマ教皇の役割は使徒ペトロから受け継いだ神聖不可侵なもの、と認められるようになったのです。レオ1世は「ローマ教皇」と呼ぶにふさわしい最初の人物で、のちに「大教皇レオ」と尊称されるようになります。また、彼は、サン・ピエトロ大聖堂に埋葬された最初の教皇でもあります。

カトリック教会では、キリスト教の信仰理解を深めることに貢献した聖人たちに「教会博士」の称号を贈っています。歴代のローマ教皇の中で、教会博士に認定されているのは、レオ1世と後述するグレゴリウス1世のふたりだけです(2022年現在)。

蛮族の使者となった教皇は獄中で無念の死

西暦454年頃にゴート族の有力者の息子として生まれたテオドリックは、幼い頃は人質として東ローマ帝国のコンスタンティノープルで暮らします。15歳になりゴート族のもとに返されるまで、彼は当時最高の教育を受けました。ゴート族の指揮官となったテオドリックは敵対民族などと戦闘し、勝利を重ねます。その後、東ローマ帝国の皇帝ゼノンと彼は利害が一致する時と対立する時を交互にくり返す緊張関係が続きました。

476年に西ローマ帝国の皇帝を退位させたオドアケルを王として承認したのは、東ローマ帝国の皇帝ゼノンでした。しかし、ゼノンはオドアケルの排除を望みます。

「成り上がりの蛮族を滅ぼすには、別の蛮族を差し向けてやれば良いのだ」

そう考えたゼノンは、まずゴート族のテオドリックを養子として迎え入れ、帝国の貴族として遇し、味方につけた彼にオドアケル討伐《とうばつ》を依頼します。その後、テオドリックとオドアケルは数年にわたる激しい戦闘を経て、493年、最終的にイタリア半島を共同統治することで合意して休戦しました。その祝賀会の席上で、テオドリックはみずから剣を抜き、オドアケルと彼の腹心たちを虐殺し、唯一の勝利者となります。

東ローマ帝国の皇帝ゼノンは491年に崩御していましたが、次の皇帝アナスタシウス1世はテオドリックを副帝として認めます。497年、テオドリックはイタリア半島を中心に東ゴート王国を建国。また、テオドリックは、ゲルマン民族が建国したフランク王国、ヴァンダル王国、西ゴート王国などと相次いで婚姻関係を結び、かつての西ローマ帝国の大部分を統治するまでになりました。そのため、彼を「実質的には西ローマ帝国の皇帝」と見なす歴史家もいます。統治者として優れたテオドリックは、かつて西ローマ帝国だった地域に平和をもたらし、ローマ帝国が最大領土を誇っていた時代の皇帝トラヤヌスの再来とまで言われました。東ローマ帝国で人質として幼少期を過ごした男が、ついに、西ローマ帝国の皇帝に匹敵する権力を手にするまでになったのです。

しばらくは平穏な時代が続きましたが、東ローマ帝国で皇帝アナスタシウス1世の死後に即位したユスティヌス1世がアリウス派の迫害を始めました。ゲルマン民族のテオドリックはアリウス派です。自分も排除されるかもしれないと疑心暗鬼となったテオドリックは、腹心で高名な哲学者のボエティウスを処刑するなど、迷走を始めます。

「アリウス派への迫害を止めるには、特別な使者を送るしかない――」

そう考えたテオドリックは、当時のローマ教皇ヨハネス1世をコンスタンティノープルに派遣します。これはローマ教皇が東ローマ帝国を訪れた史上初のケースとなりました。教皇ヨハネス1世は、アリウス派であるゴート族への迫害は行わないことをユスティヌス1世に約束させますが、アリウス派そのものへの弾圧を停止させるには至りませんでした。そのような合意は中途半端な妥協だとテオドリックは見なし、教皇ヨハネス1世はローマに戻ると投獄され、獄中で亡くなってしまいます。外交に尽力したローマ教皇を獄中死させたことにより、テオドリックへの反発が内外で強まりました。

「思い上がった蛮族の王め――。教皇を獄中死させるとは、何様のつもりだ!」

その頃、ヴァンダル族の王妃となっていたテオドリックの妹が、彼女の夫であるヴァンダル王の死後、アリウス派を支持していたことを口実に新しい王に殺されます。妹を殺され激怒したテオドリックは、ヴァンダル王国への報復を計画していましたが、526年に赤痢《せきり》で死亡しました。テオドリックの死で、ゴート族は、ふたたび分裂します。

527年に東ローマ帝国の皇帝ユスティヌス1世が崩御すると、彼の甥で養子となっていたユスティニアヌス1世が新しい皇帝として即位します。ユスティニアヌス1世は、西ローマ帝国から領土を奪った東ゴート族とヴァンダル族を相次いで滅ぼし、さらには西ゴート族との戦闘でも勝利を重ね、地中海を取り囲むローマ帝国最盛期の領土をほぼ回復させ、のちに「大帝」と呼ばれることになります。

望まずに就任した男が教皇の地位を確立

西暦540年、ローマの元老院議員を務める裕福な貴族の家に生まれた男子は、グレゴリウスと名づけられました。彼は、東ゴート王国を建国するテオドリックがオドアケルと戦争していた時期のローマ教皇フェリックス3世の子孫にあたる血筋でした。

当時、東ローマ帝国の皇帝ユスティニアヌス1世が東ゴート王国から領土を奪い続けている最中で、度重《たび》なる戦闘でローマは荒廃し、水道設備も壊れ、「ユスティニアヌスのペスト」と呼ばれる疫病が大流行していました。東ゴート族は敗走しましたが、代わりにランゴバルド族が攻め入ってきて、情勢はいっこうに安定しませんでした。

そんな時代に青年時代を過ごしたグレゴリウスは、幼い頃から、あらゆる学問に優れていました。やがて公職に就くと、33歳でローマ市の執政官に就任します。そして、父が亡くなったあと、グレゴリウスは別荘を修道院に改築し、修道生活に入りました。

ローマ教皇ペラギウス2世が590年に疫病で亡くなると、修道院長として信望のあったグレゴリウスが、教皇に選出されます。この当時、西ローマ帝国は既に滅んでいるため、ローマ教皇の任命権は東ローマ帝国の皇帝にありました。ローマ教皇になることを望まないグレゴリウスは、辞退する手紙を皇帝に送ります。ところが、皇帝は彼の辞退を受け入れなかったので、グレゴリウスは渋々ながら教皇の座に就任しました。

「主《しゅ》が導いてくださったのだ。この険しい道を歩んでいくしかあるまい……」

ローマ教皇グレゴリウス1世は有能な人物で、民衆への食糧の分配や水道設備の修理を推し進め、さらにはランゴバルド族にも交渉し、和平協定を結ぶことに成功します。東ローマ帝国の皇帝から支援が得られない中、グレゴリウス1世が単独で多くの問題を解決し続けたことで、民衆の中ではローマ教皇と教皇庁への信頼と敬意が強まり続けました。グレゴリウス1世は、聖職者の独身制を徹底させ、聖ペトロの後継者である教皇が主導するローマ教会は、東ローマ帝国のコンスタンティノープル教会より優位である点を改めて強調しました。また、イングランドの異教徒アングロ・サクソン族に使節団を派遣して宣教に成功し、これがイギリスへのキリスト教の最初の宣教となります。

「わたしの能力は、主から賜《たまわ》ったもの。主のためにできることは、すべて行《おこな》う」

グレゴリウス1世は、現代まで続くカトリック教会の典礼の基礎をつくり、多くの聖歌を作曲し、膨大な著作を書き遺し、その後のキリスト教会に大きな影響を及ぼしました。彼が初めて用いた「神のしもべたちのしもべ」というローマ教皇の異称は、以後の教皇たちに踏襲《とうしゅう》されることになります。ローマ教会と教皇の地位を確立したグレゴリウス1世は、「最初の教皇」レオ1世とともに「大教皇」と呼ばれています。

急拡大する新宗教に中心地を奪われる

ゲルマン民族が西ローマ帝国を滅ぼして再燃させたアリウス派は、大帝ユスティニアヌス1世が東ローマ帝国の領土を拡大させたことに伴い、次第に駆逐《くちく》され、アタナシウス派の支配がふたたび戻りました。東ローマ帝国と、その東に隣接するペルシア帝国の緊張自体は続いていましたが、それも含めた均衡《きんこう》が、しばらく続いていたのです。

革命的な変化の発端は、アラビア半島のひとりのアラブ人商人が、天地を創造した唯一神の啓示を受けたことでした。彼の名は、ムハンマド。彼は、人々に語りました。

「ナザレのイエスは確かに神の預言者《よげんしゃ》だった。だが、わたしが最後の預言者である」

ムハンマドが神から預かった言葉は聖典「コーラン」にまとめられ、彼の教えを信じるムスリム（イスラム教徒）は、すさまじい勢いで全世界に拡大を始めます。

燎原《りょうげん》の火のごとく、イスラム軍は、あっという間にペルシア帝国を滅ぼし、東ローマ帝国の領土も、次々に削り取りました。それまでのキリスト教の5大主要教会の中で、ローマ教会とコンスタンティノープル教会は残りましたが、エルサレム教会、アンティオキア教会、アレクサンドリア教会は、すべてイスラム軍に破壊され消滅しました。

イスラム教の台頭は、さらに、キリスト教に内部分裂を生じさせます。偶像崇拝を禁じている点でキリスト教とイスラム教は共通していましたが、キリスト教は、文字を持たないゲルマン民族への布教に、イエス・キリストや聖母マリア、聖人たちの聖画像を広く使用していたのです。ところが、イスラム教は聖画像を厳しく禁じており、聖画像使用をキリスト教攻撃の口実のひとつにしていました。西暦717年から翌718年にかけて、イスラム軍はコンスタンティノープルまで大軍で押し寄せ、1年にわたり包囲しました。いよいよ脅威を感じた東ローマ帝国は、726年に聖像禁止令を出します。

「イスラムに迎合《げいごう》するわけではない。だが、確かに、聖画像も偶像崇拝である」

東ローマ帝国の教会のトップであるコンスタンティノープル総主教は、聖画像破壊命令に反対して解任され、命令に従う者が後継者に選ばれました。ゲルマン民族への布教に聖画像を広く使用していた西方教会では、その使用をやめることは考えられず、ローマ教皇は東ローマ帝国皇帝の命令に従わず、武力闘争の末に、両者は決裂します。聖画像の使用をめぐり、キリスト教会は東西の溝を深めることになったわけですが、そのきっかけとなったのは、聖画像を絶対に認めないイスラム新興勢力の台頭だったのです。

なお、787年に開催された第2ニケア公会議で、神にのみ捧げる「礼拝」と聖画像への「崇敬」を区別するという条件つきで、聖画像の使用が東西両方の教会で正式に許可されました。東方教会ではその後、815年にも聖像禁止令が出されますが843年に撤回され、以後はむしろ東方教会のほうが聖画像を積極的に用いるようになります。聖画像を意味するギリシア語「イコン」が、現代用語「アイコン」の語源です。

王たちを操り権威を強める教皇

ゲルマン民族の大移動の際、フランク族は現在のフランス北部あたりにフランク王国を建国しました。ほかのゲルマン民族と比べて移動した距離がもっとも短く、また、土地が肥沃《ひよく》であったため、フランク王国は繁栄します。フランク族も、他のゲルマン民族同様にローマ帝国では異端とされるアリウス派でしたが、最初の王クローヴィス1世の妻がカトリック信徒だったことから、フランク王国は途中でアタナシウス派に改宗します。このことが、のちにローマ教会と友好な関係を築く要因のひとつとなりました。

建国当初のフランク王国はメロヴィング朝《ちょう》と呼ばれる王朝で、最初の王クローヴィス1世の死後、彼の息子たちによって王国は4分割されます。それぞれの王国は、新たな王の息子たちの代でも分割されることをくり返し、王家の力は徐々に衰えていました。

その頃、北アフリカを制圧したイスラム勢力はジブラルタル海峡を渡り、711年にはイベリア半島の西ゴート王国を滅ぼし、732年にはフランク王国に迫っていました。これを撃破したのは、王に代わって実務を取り仕切る「宮宰《きゅうさい》」のカール・マルテルでした。イスラム教の侵攻を阻止したカール・マルテルは王をも凌《しの》ぐ権力を得て、彼の子であるピピン3世が、内部で分裂していたフランク王国全体を掌握《しょうあく》することになります。ピピン3世は王位を手に入れるべく、ローマ教皇に接近して支持を取りつけました。

「フランクがひとつにまとまり、わが番犬となってくれるのは歓迎すべきことだ」

前述の聖画像禁止をめぐる意見の対立以降、ローマ教皇は東ローマ帝国皇帝の後ろ盾を失い、みずからを守護してくれる勢力を必要としていました。ローマ教皇にとっても、ピピン3世からの申し出は、願ってもないものだったのです。751年、ローマ教皇の承認のもと、ピピン3世はフランク王国の新国王に選出されます。これにより、メロヴィング朝は終わり、カロリング朝が始まりました。また、756年には、ピピン3世がランゴバルド族から奪ったラヴェンナの土地をローマ教皇に寄進し（ピピンの寄進）、これが最初の教皇領となります。両者の結びつきは、さらに強固になったのでした。

768年、ピピン3世が崩御すると、長男カール1世と次男カールマン1世でフランク王国を分割しましたが、カールマン1世は771年に20歳で早逝《そうせい》したため、カール1世が単独国王になります。彼こそ、フランス語名の「シャルルマーニュ」でも広く知られている「カール大帝」です。

西暦800年の12月24日から25日に日付が変わるクリスマスの夜、ローマ教皇レオ3世はカール大帝をローマ帝国皇帝として戴冠《たいかん》させました。

「この聖夜に、教皇の権威に基づき、これより汝《なんじ》をローマ帝国の皇帝と認める――」

それは、476年に皇帝が退位して滅亡した西ローマ帝国が、新たな皇帝を得て不死鳥のごとく復活した瞬間でした。カール大帝は、フランク王国の国王であると同時に西ローマ帝国の皇帝という立場になり、便宜的《べんぎてき》に「フランク・ローマ皇帝」と呼ばれることもあります。また、このカール大帝の王国・帝国が、のちのフランス・ドイツ・イタリア北部であることから、カール大帝の戴冠を「ヨーロッパのはじまり」と見なし、後述する神聖ローマ帝国は、実質的にはこの時に始まったとする見方もあります。

また、東ローマ帝国は帝都コンスタンティノープルを中心に依然として存在していましたが、ローマの支配権を完全に失った帝国の名前に「ローマ」が入っているのは変なので、コンスタンティノープルの古い名前であるビザンティウムを取り、のちに後世の歴史家から「ビザンティン帝国」あるいは「ビザンツ帝国」と呼ばれることになります(東ローマ帝国が、自分でそのように名乗ったことは1度もなく、特に体制が変わったわけでもありません)。本書でも、これ以後はビザンティン帝国の表記を基準にします。

海の民が次々にキリスト教国家を樹立

北欧と呼ばれるデンマーク王国、ノルウェー王国、スウェーデン王国を9世紀にスカンディナヴィア半島周辺に建国することになるノルマン人（北方に住むゲルマン民族）は、地域の気温が低下したことが原因で、8世紀末頃から新天地を求めて南方への移動を開始しました。彼らは直訳すると「入り江の民」を意味する「ヴァイキング」とも呼ばれ、細長い船に乗り、海や川から新天地を侵略しました。

「われら海の民に水上で勝てる者などいない。気に入った土地を奪いまくれ！」

そうして彼らノルマン人が9世紀に建国したノヴゴロド公国は、のちのロシアのルーツに、キエフ公国は、ウクライナのルーツとなります。ノルマン人は、10世紀にはフランス北部にノルマンディー公国を建国。11世紀には、ノルマン人のクヌートがイングランド王国を征服し、デンマークとノルウェーも統合する北海帝国を樹立しました。クヌート大王の死後にはアングロ・サクソン族の王国が復活しますが、ノルマンディー公国が攻め入ってきて、ノルマン朝を樹立。これが現在のイギリス王室のはじまりです。フランス王国を間借りしている形のノルマンディー公国がイングランドに建国したのですから、フランスとしては面白いはずがありません（フランスとイギリスが不仲なルーツ）。

ノルマンディー公国の貪欲なノルマン人たちは、さらに、ジブラルタル海峡から地中海まで遠征し、南イタリアでの建国を試みます。後述しますが、この時のローマ教皇との争いは、キリスト教の東西教会分裂にも大きな影響を及ぼすことになります。南イタリアに定着したノルマン人は、12世紀にシチリア王国オートヴィル朝を建国しました。

このように各地を蹂躙《じゅうりん》して回った野蛮なノルマン人は、征服した土地の宗教であるキリスト教を受け入れました。そのため、彼らが支配したデンマーク、ノルウェー、スウェーデン、フィンランド、アイスランドの国旗は、いずれもスカンディナヴィア十字と呼ばれる、縦長のラテン十字を左に90度倒した十字架の形をしています。

なお、のちに第1回十字軍の成功でヨーロッパが熱狂した際、ノルウェー王は、みずからノルウェー十字軍を率い、地中海を通って聖地エルサレムへ入り、道中でイスラム勢力と戦闘し、略奪を行い、やがて本国に帰国しました。略奪のチャンスがあれば、どこへでも出向くという、ヴァイキングのヴァイタリティには驚かされます。

先代教皇の遺体が掘り起こされ裁判に

８１４年にカール大帝が崩御し、息子で後継者のルートヴィヒ１世が８４０年に亡くなると、彼の息子たちのあいだで国は３分割され、西フランク王国、中部フランク王国、東フランク王国となりました。この３国が、のちのフランス、イタリア北部、ドイツとなるのですが、親族同士の勢力争いがあり、ローマ教皇との関係も悪化していきます。

８７２年にローマ教皇となったヨハネス８世は、イスラム勢力のローマ侵攻へ対抗すべく、協力を求めて８７５年に西フランク王国の国王シャルル２世に戴冠させ、救援を要請しましたが、シャルル２世は遠征途中の８７７年に病死。８８１年には東フランク王国の国王カール３世に戴冠させますが、彼から有力な支援は得られませんでした。

「どいつもこいつも、使えぬ奴らだ！　主《しゅ》は、わたし自身が動くことをお望みか」

ヨハネス８世は、みずからイタリア南部の都市を順番に回り、イスラム勢力の攻撃に備えて、各都市が協力して防衛する同盟を締結させます。さらに、彼は教会や修道院、住居の防衛を強化した上に教皇庁の艦隊も創設し、ビザンティン帝国との共闘も模索します。そのように、ヨハネス8世は、ローマを守り抜くために、あらゆる手段を精力的に活用し続けたのですが、最終的には、そうした懸命な努力が裏目に出ました。

ヨハネス8世がローマ防衛のために要した費用は教皇庁の財政を圧迫し、東西のフランク王国からの協力を得ることに失敗したことや、ビザンティン帝国への歩み寄りも批判の的となりました。882年、ヨハネス8世は側近の聖職者の数名から毒を飲まされた上に、なかなか死ななかったので鈍器で撲殺されたと伝えられます。

「教皇といえども、排除せねばならぬ時はある。われらの教会を守るためだ……」

これは史上初の教皇暗殺事件でしたが、いったん前例ができると、以後、中世の暗黒時代においては、至高の存在であるはずの教皇の暗殺すら珍しいことではなくなります。

ヨハネス8世暗殺の容疑者の中には、のちに教皇となる司教フォルモススもいました。

875年に教皇ヨハネス8世が西フランク王国のシャルル2世に戴冠させた頃、フォルモススは教皇位の簒奪《さんだつ》をねらっている疑いをかけられ、ローマへの帰還命令に逆らったため、876年、破門されました。そのため、教皇暗殺の容疑者と見なされたのです。

ヨハネス8世の次に教皇となったマリヌス1世は、在位わずか1年5カ月で死去しましたが、その期間中にフォルモススは赦免《しゃめん》され、司教に復帰します。続く教皇ハドリアヌス3世は飢饉や戦争で苦しむ人たちを援助するために尽力しましたが、在位1年4カ月で暗殺されました。その後、6年続いたステファヌス5世を経て、891年、かつて教皇から破門された15年後、フォルモススが教皇に選出されたのでした。フォルモススは在位中よりも、その死後に彼を見舞った悲劇で歴史に名を遺すことになります。

フォルモススの次に教皇となったボニファティウス6世は、痛風のため、在位わずか15日で死去。あまりの短さに教皇になった事実も抹消されましたが、死後1000年以上経過した20世紀に、ふたたび教皇として認められました。

次に教皇となったステファヌス6世は、生前のフォルモススに恨みを抱いていました。教皇の権力を得たステファヌス6世は、憎きフォルモススの腐敗した遺体を墓から掘り起こし、教皇の装束をまとわせた上で裁判を開いて有罪にし、指を切断して、川に捨てました。この「死体裁判」として知られる傍若無人な事件は、民衆の暴動を招き、ステファヌス6世は退位させられた上、投獄され、獄中で殺されました。

教皇たちが次々に謀殺される暗黒時代

ローマ教皇フォルモススが帰天した西暦896年から904年は、9年間にローマ教皇が9人就任するという、長い教会史の中でも特別に異常な時期となりました。

教皇ステファヌス6世が殺害されたあと、897年に教皇に選出されたロマヌスは、在位3カ月で死去。続く教皇テオドルス2世は、在位わずか20日で死去しましたが、その間にフォルモススの遺体を川から引き揚げ、サン・ピエトロ大聖堂に埋葬しました。

異常な短命の教皇たちが全員暗殺されたとは限りませんが、教皇が殺害される事件が続いていた時期だけに、謀殺された可能性は否定できません。これら短命教皇たちの資料がほとんど遺っていないのは、真実が闇《やみ》に葬られた結果なのかもしれません。

その後も在位2~3年の教皇が2代続いたあと、903年にレオ5世が司祭から教皇に選出されると、その人事に不満をあらわにしたクリストフォルスが対立教皇として名乗りをあげます。クリストフォルスはレオ5世を教皇から退位させ、投獄しましたが、クリストフォルス自身も、次の教皇セルギウス3世から退位させられ、投獄されます。

レオ5世とクリストフォルスの在位は、わずか数カ月で、ふたりとも獄中で死亡しました。殺害されたとも伝えられます。当時の教皇たちの、いのちの軽さに驚かされます。

９０４年に就任した教皇セルギウス3世は、有力貴族テオフィラットの娘マロッツィアを愛人にし、テオフィラットの後援を得て、当時としては長い7年の在位となりました。セルギウス3世とマロッツィアの息子は、6代あとの教皇ヨハネス11世です。マロッツィアには貴族の夫もいて、彼女は息子を教皇にするために、夫と共謀して、教皇ヨハネス10世を殺害しました。さらに、マロッツィアと夫の孫や子孫、そして親族から6人もの教皇が誕生しています。このように、教皇の地位すらも私物化した悪女マロッツィアの支配は、「ポルノクラシー」（娼婦政治）とも呼ばれています。

マロッツィアの甥である教皇ヨハネス13世は、密通した人妻の夫から殺害されました。その次に教皇となったベネディクトゥス6世は、マロッツィアの甥であるクレッシェンティウス1世の命令で絞殺されます。この事件に関与したとされるボニファティウス7世は、次の教皇ベネディクトゥス7世の時に対立教皇として名乗りをあげましたが、破門されます。その後、ベネディクトゥス7世が９８３年に死ぬと、対立教皇ボニファティウス7世は、新たに即位した教皇ヨハネス14世を投獄し、獄中で死に至らしめます。そのボニファティウス7世自身も985年には毒殺されてしまいました。

このように、882年にヨハネス8世が教皇として史上初めて暗殺されて以後の1世紀は、ふつうの死に方をした教皇のほうが珍しいのでは、と思えてしまうほど、即位する教皇が次から次へと謀殺されてしまうという、まさに中世教会の暗黒時代でした。

教皇たちにとって悪夢の時代が続く中、3つのフランク王国すべてで、創始者一族であるカロリング朝の家系は途絶えていました。アジアから攻めてきた異教徒のマジャール族をオットー1世が撃退すると、ローマ教皇はローマ皇帝の位を彼に授け、これにより東フランク王国は962年に神聖ローマ帝国として生まれ変わり、以後、この帝国は19世紀まで存続することになります。また、西フランク王国でカロリング朝の家系が途絶えたあとに即位したカペーにより、987年、フランス王国の歴史が始まりました。

偏狭《へんきょう》な使節が東西教会分裂を招く

教皇の権威も地に墜《お》ち、乱れきった教会を改革すべく意欲を燃やしたのが、1049

年に就任した教皇レオ9世でした。レオ9世は、当時、修道会改革を推し進め最盛期を迎えていたクリュニー修道院から有能な人材を多く登用し、その中には、のちに教皇となるグレゴリウス7世もいました。レオ9世は、特に、聖職売買の禁止と聖職者の妻帯《さいたい》禁止に熱意を持って取り組み、後年のグレゴリウス改革につながる流れをつくります。

「東西教会が対立し続けているのは望ましくない。なんとか歩み寄れぬものか」

教皇レオ9世は、いくつかの中心的な教義をめぐる東西教会の対立を解消することを目ざしていました。東西教会の最大の論点は、東方教会が「聖霊は父なる神からのみ発出する」と理解しているのに対し、西方教会は「聖霊は父なる神と子なる神イエス・キリストの双方から発出する」と主張していたことでした。フィリオクェ問題と呼ばれるこの論争は、ノン・クリスチャン読者なら「そんな細かいことで争ってるの？」と驚き、呆れられても不思議のないくらい些細なことに思われるかもしれません。ですが、東西教会は自分たちの威信をかけ、双方が一歩も譲らない状態が続いていたのです。

歴史が違う道を辿っていたら、両者が歩み寄るパラレル・ワールドも、どこかに存在していたのかもしれません。ですが、教皇レオ9世が交渉のために派遣した人選に問題がありました。特使として選ばれた枢機卿《すうききょう》フンベルトはローマ教皇の熱烈な支持者で、西方教会を心から愛していました。彼は東方教会とコンスタンティノープル総主教に最初から悪いイメージを持っていたので、冷静な交渉など、できるはずがなかったのです。

東方教会のトップ、コンスタンティノープル総主教ミハイル1世のほうでも、西方教会には最初から敵意を持っていましたので、特使の枢機卿フンベルトに会おうとせず、数カ月のあいだ待たせ続けました。ミハイル1世が、もう少し対話を重視するタイプであったなら、違う結末もありえたのかもしれません。不幸な配役が重なりました。

さらなる悲劇として、その頃、教皇レオ9世は、南イタリアのノルマン人たちとの戦争の最中に捕まり、10カ月に及ぶ獄中生活でマラリアに感染します。ノルマン人の支配を認めて釈放されたレオ9世は、ローマに戻った翌月、1054年4月に死去しました。

教皇レオ9世の死の知らせが届いたことが最終的な引き金となったのかもしれません。総主教ミハイル1世から数カ月も放置され続けて憤りが頂点に達しつつあった枢機卿フンベルトは、教皇の死の知らせで、我《われ》を忘れました。1054年7月16日、フンベルトはコンスタンティノープル総主教の座所であるハギア・ソフィア大聖堂の祭壇に、教皇レオ9世が総主教ミハイル1世を破門する書状を叩きつけて、立ち去りました。

レオ9世は既に亡くなっていたので、破門状に効力はないはずでした。しかし、その挑発の意味は歴史的に重大で、破門状に気づいて慌てた東方教会の聖職者は大急ぎでフンベルトを追いかけ、彼に撤回を求めました。ですが、屈折した感情を抱えた枢機卿は、いっさい聞き入れようとせず、そのままローマへ帰還しました。

この件を知った総主教ミハイル1世は、逆に、西方教会を破門すると宣言します。この「相互破門」によって東西キリスト教会の分裂が決定し、現在も解消されていません。東西教会の分裂を招いたのは、フンベルトという偏屈な枢機卿の身勝手な行動でした。

それまでは、あくまでひとつのキリスト教会でしたが、以後、西方教会は「ローマ・カトリック教会」、東方教会は「東方正教会」と呼び分けられることになります。

神聖帝国と教会両方の覇権を握った男

教皇レオ9世がノルマン人との戦争で捕虜となり、釈放された直後に亡くなったあと、教皇の従者であったヒルデブラント（のちの教皇グレゴリウス7世）は、レオ9世の改革路線を中断せずに推し進めるために、神聖ローマ帝国の皇帝ハインリヒ3世に教皇候補の選出を求めました。当時は、教皇の選出方法がまだ明確に定まっておらず、聖職者や貴族たちの政治的なかけひきで、決まることが多くありました。改革意欲のない者が新教皇となることを阻止するための、ヒルデブラントの動きでした。

皇帝ハインリヒ3世の親族で相談役を務める重臣であった司教のウィクトル2世が、皇帝の推挙で新教皇に就任しました。皇帝ハインリヒ3世の協力を得て、教皇ウィクトル2世は、聖職の売買禁止や聖職者の結婚禁止といった改革を推し進めていきます。

イタリア南部で勢力を増すノルマン人に対処するため、ウィクトル2世はハインリヒ3世に協力を要請していました。しかし、ハインリヒ3世は崩御し、臨終に立ち会ったウィクトル2世は、まだ5歳の幼い新皇帝ハインリヒ4世の後見人となります。当時、神聖ローマ帝国で皇帝に準ずる勢力を有していたのは、ロレーヌ公ゴドフロワ3世でした。教皇ウィクトル2世は、ゴドフロワ3世の弟フレデリックを、モンテ・カッシーノ修道院の修道士から修道院長に抜擢することで、この兄弟を味方につけ、自身の統治を盤石《ばんじゃく》のものとします。歴史上初めて教皇と皇帝の力を同時に手にした男となったウィクトル2世は、権力を私物化する人物ではなく、改革意識に燃えていました。教会と帝国の両方を支配する地位に君臨する絶対者であったウィクトル2世は、しかし、在位わずか2年3カ月で死去してしまいます。その次に教皇となったのは、モンテ・カッシーノ修道院長に引き立てられたフレデリックで、彼はステファヌス10世と名乗りました。

ステファヌス10世は、モンテ・カッシーノ修道院の資金を提供することで、兄のゴドフロワ3世に南イタリアのノルマン人を打倒してもらい、兄を神聖ローマ帝国の皇帝にすることを考えていました。ですが、ステファヌス10世は、夢の途上で急激に体調を崩し死去します。彼は死の床での遺言で、かねてから見込んでいた後継者を指名します。

「次の教皇は、ヒルデブラントが良い。彼が戻るまで教皇を決めてはならない」

ローマの人々がヒルデブラントの帰還を待つあいだ、ベネディクトゥス10世が勝手に新教皇として名乗りを上げますが、その後、正式な新教皇としてニコラウス2世が選ばれると失脚しました。ニコラウス2世は、近年の教皇たちを悩ませ続けた南イタリアのノルマン人と戦争するのではなく、講和することを選び、成功します。ところが、ノルマン人がローマ教皇のイタリア支配を認めたことで、イタリアも支配下に置いている神聖ローマ帝国が激怒し、ニコラウス2世は退位させられることになりました。ニコラウス2世が抵抗したため、神聖ローマ帝国によって対立教皇が立てられましたが、その間にニコラウス2世が病死して、ヒルデブラントらが擁立するアレクサンデル2世が正式な新教皇となります。ローマにふたりの教皇が並び立つことになり、軍事衝突となりましたが、有力者のゴドフロワ3世が介入して解決しました。

アレクサンデル2世は、教皇と神聖ローマ帝国の緊張関係を維持したまま、11年半、在位します。彼が帰天した1073年、それまでつねに教皇候補として名の挙がっていたヒルデブラントがようやく教皇となり、グレゴリウス7世と名乗りました。

教皇から屈辱を受けた皇帝の復讐

皇帝ハインリヒ4世は、5歳の時に亡くなった父の後継者となりますが、当然ながら最初は後見人である教皇ウィクトル2世の傀儡《かいらい》でした。幼少期に誘拐された悲運な生い立ちもあり、ハインリヒ4世は皇帝としての権力に強く固執します。当時、神聖ローマ帝国では、司教や修道院長などの任命を皇帝が行《おこな》うか、教皇が行うかで意見の対立がありました。1073年に新教皇となったグレゴリウス7世は、前述した通り、改革派の中心人物でしたから、「聖職者の叙任は教皇が行うべき」というスタンスでしたが、皇帝ハインリヒ4世は「任命権は皇帝にある」と主張し、譲りませんでした。

1075年、皇帝ハインリヒ4世が暴動の起きたミラノの司教を独断で解任すると、教皇グレゴリウス7世は強く抗議しましたが、クリスマスに襲撃されて、牢に入れられます。ハインリヒ4世は帝国の司教たちを集め、グレゴリウス7世の退位を要求します。逆に、グレゴリウス7世も釈放されたあとにローマで会議を開き、ハインリヒ4世をカトリック教会から破門しました。破門の宣告がのちに取り消される場合もありますが、1年後にこの破門は永久に取り消せなくなる、ということも、教皇は発表しました。また、グレゴリウス7世が「各地の諸侯（地方領主）が皇帝に誓った忠誠は無効である」と宣言したことで、最初は強気だったハインリヒ4世は慌てました。自分に敵対する教皇ひとりを追放すれば一件落着、と彼が軽く考えていたのは、各地の諸侯たちが皇帝を支持していた構図があったからです。教皇の呼びかけで諸侯たちの支持を失えば、皇帝は名ばかりの無力な存在となってしまいます。

ハインリヒ4世は教皇に破門を取り消す要請をするために、真冬のアルプスを越え、1077年1月25日に、グレゴリウス7世が滞在する北イタリアのカノッサ城に到着しました。ところが、教皇は城門を開けず、面会を求める皇帝を拒絶しました。絶望したハインリヒ4世は、雪が降る中で修道士の服に着替え、裸足になり、ひざまずいて城門に向かって泣きながら謝罪し、ゆるしを乞います。それでも城門は開かれず、ハインリヒ4世は飲まず食わずで3日間、涙を流して教皇にゆるしを乞い続けました。

「聖下《せいか》……わたくしが……間違っておりました……どうか……お慈悲を……」

イエス・キリストは「悔い改めた者は何度でもゆるしなさい」と教えを説いたので、みずからの非を認めて謝罪する皇帝を、キリスト教の頂点に立つローマ教皇が拒み続けるわけにはいきませんでした。1月28日、ついに城門は開かれ、ハインリヒ4世は招き入れられます。ひざまずき悔い改める皇帝を教皇はゆるし、破門は取り消されました。この事件が、現代でもたとえとして用いられることの多い、「カノッサの屈辱」です。

それで一件落着となったわけではなく、以後も波乱の展開は続きました。ハインリヒ4世への忠誠を捨てた諸侯は、既に新たな皇帝としてシュヴァーベン大公ルドルフを擁立し、教皇もそれを承認していたのです。ハインリヒ4世はルドルフとの戦争には敗れましたが、ルドルフが戦闘中の負傷が原因で死亡すると、行軍してローマを占領し、その勢いのまま対立教皇を擁立します。これにより教皇グレゴリウス7世はローマを追われ、逃亡先の地で無念の死を遂げました。カノッサの屈辱といえば、皇帝が教皇に膝を屈したことが有名ですが、最終的には皇帝が逆転勝利していたのです。しかし、ハインリヒ4世も、自分の長男と次男に連続で裏切られるなど逆風が続き、ハインリヒ4世と教皇たちの争いは、この悲運の皇帝が崩御する1106年まで続いたのでした。

第4章 十字軍の混迷から宗教改革に至る愛憎劇

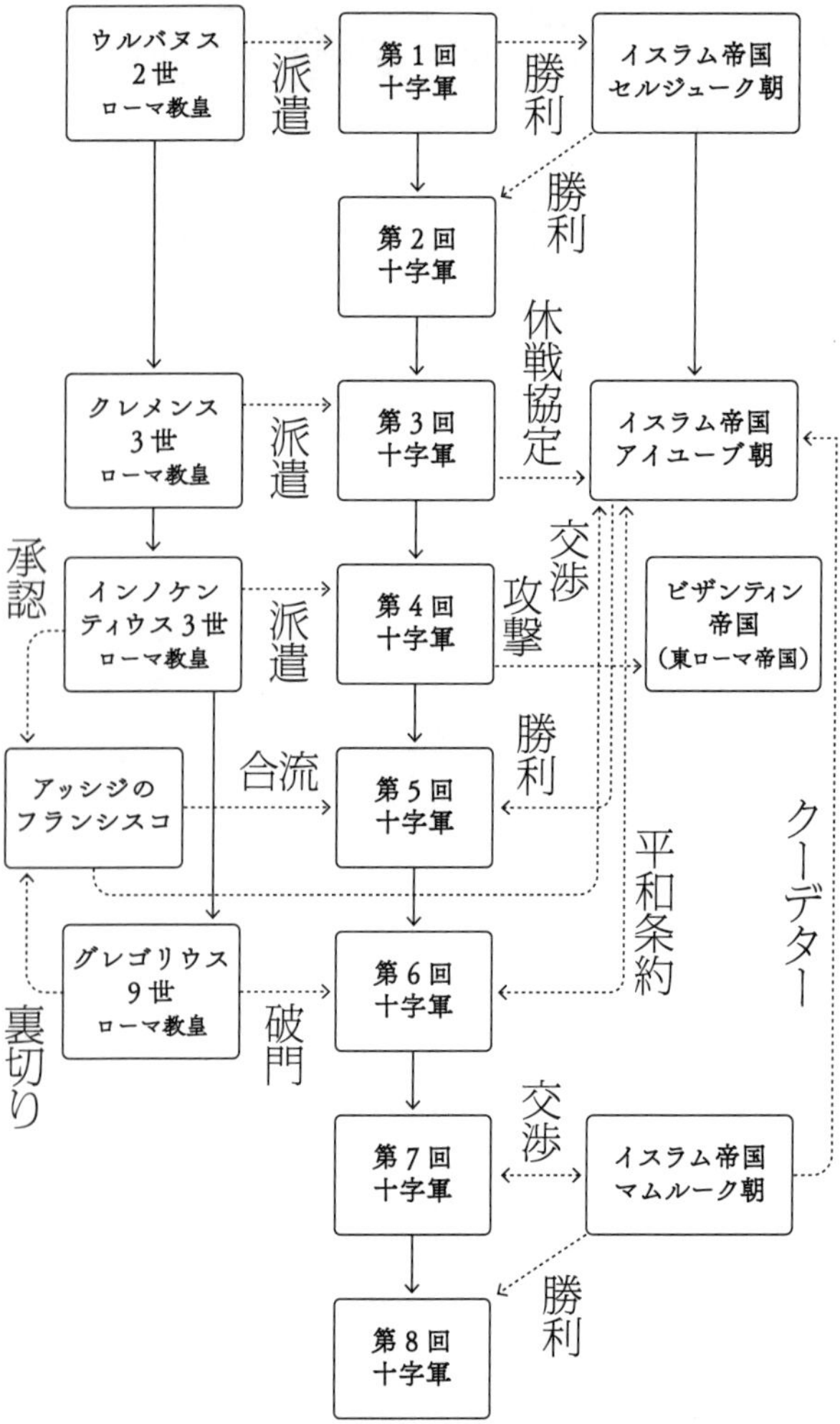
ウルバヌス
2世
ローマ教皇
派遣
第1回
十字軍
勝利
イスラム帝国
セルジューク朝
勝利
第2回
十字軍
クレメンス
3世
ローマ教皇
派遣
第3回
十字軍
休戦協定
イスラム帝国
アイユーブ朝
承認
インノケンティウス3世
ローマ教皇
派遣
第4回
十字軍
交渉
攻撃
ビザンティン
帝国
(東ローマ帝国)
アッシジの
フランシスコ
合流
第5回
十字軍
勝利
平和条約
クーデター
グレゴリウス
9世
ローマ教皇
裏切り
破門
第6回
十字軍
第7回
十字軍
交渉
イスラム帝国
マムルーク朝
勝利
第8回
十字軍

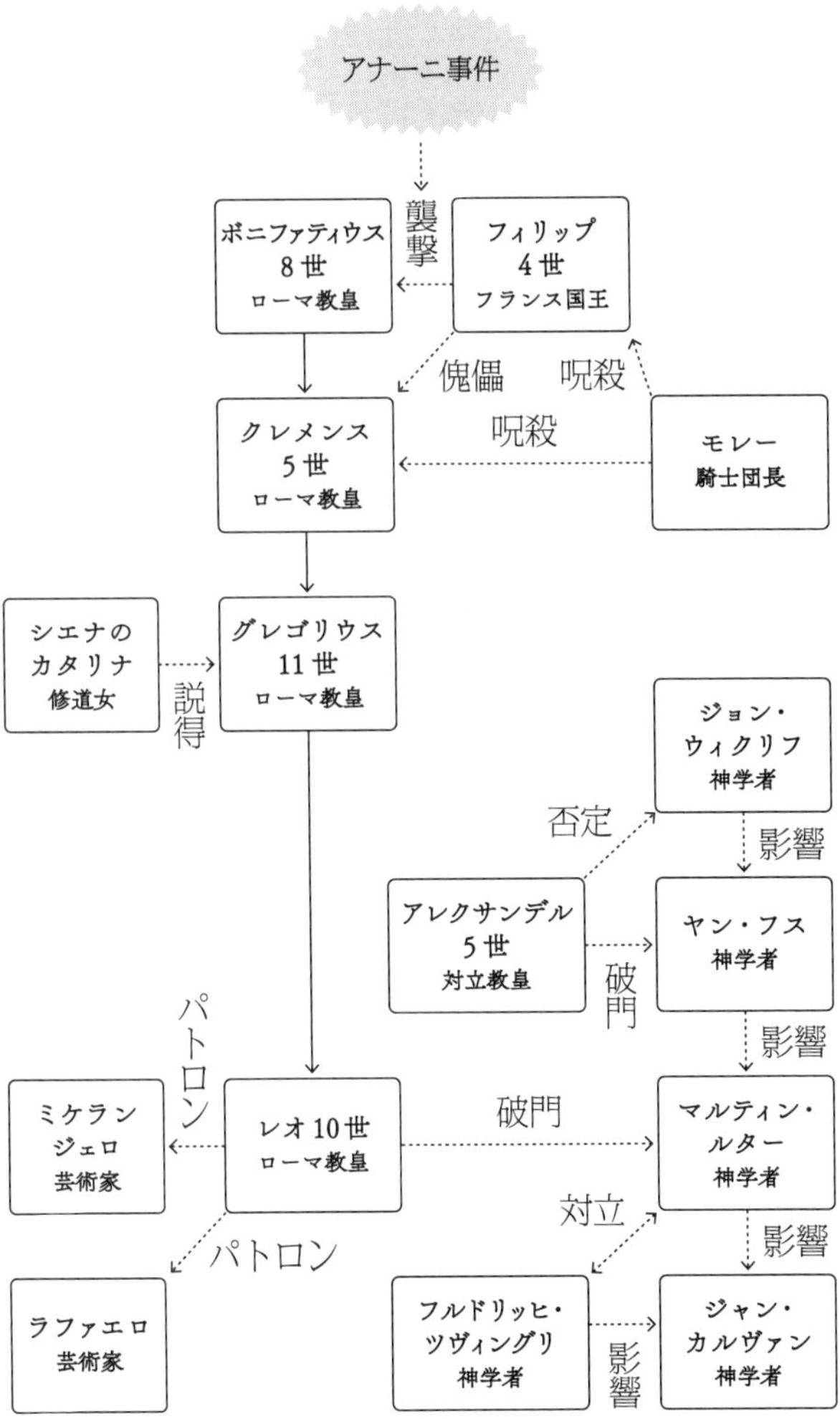
アナーニ事件
襲撃
ボニファティウス 8世 ローマ教皇
フィリップ 4世 フランス国王
傀儡
呪殺
呪殺
クレメンス 5世 ローマ教皇
モレー 騎士団長
シエナのカタリナ 修道女
説得
グレゴリウス 11世 ローマ教皇
ジョン・ウィクリフ 神学者
否定
影響
アレクサンデル 5世 対立教皇
ヤン・フス 神学者
破門
パトロン
影響
ミケランジェロ 芸術家
レオ10世 ローマ教皇
破門
マルティン・ルター 神学者
対立
影響
パトロン
ラファエロ 芸術家
フルドリッヒ・ツヴィングリ 神学者
ジャン・カルヴァン 神学者
影響

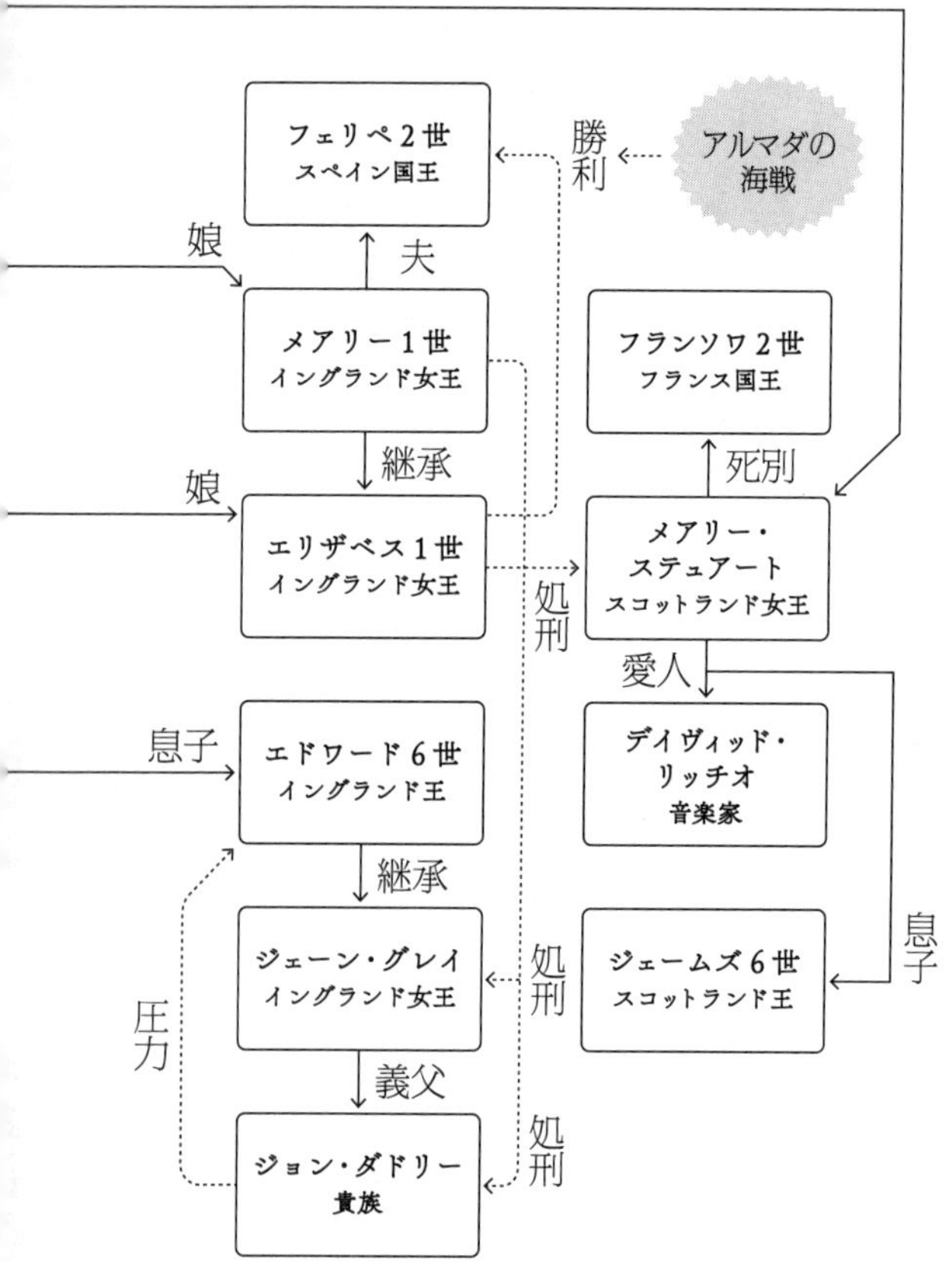

フェリペ2世
スペイン国王
勝利
アルマダの海戦
娘
夫
メアリー1世
イングランド女王
フランソワ2世
フランス国王
継承
死別
娘
エリザベス1世
イングランド女王
メアリー・ステュアート
スコットランド女王
処刑
愛人
息子
エドワード6世
イングランド王
デイヴィッド・リッチオ
音楽家
継承
ジェーン・グレイ
イングランド女王
処刑
ジェームズ6世
スコットランド王
息子
圧力
義父
ジョン・ダドリー
貴族
処刑

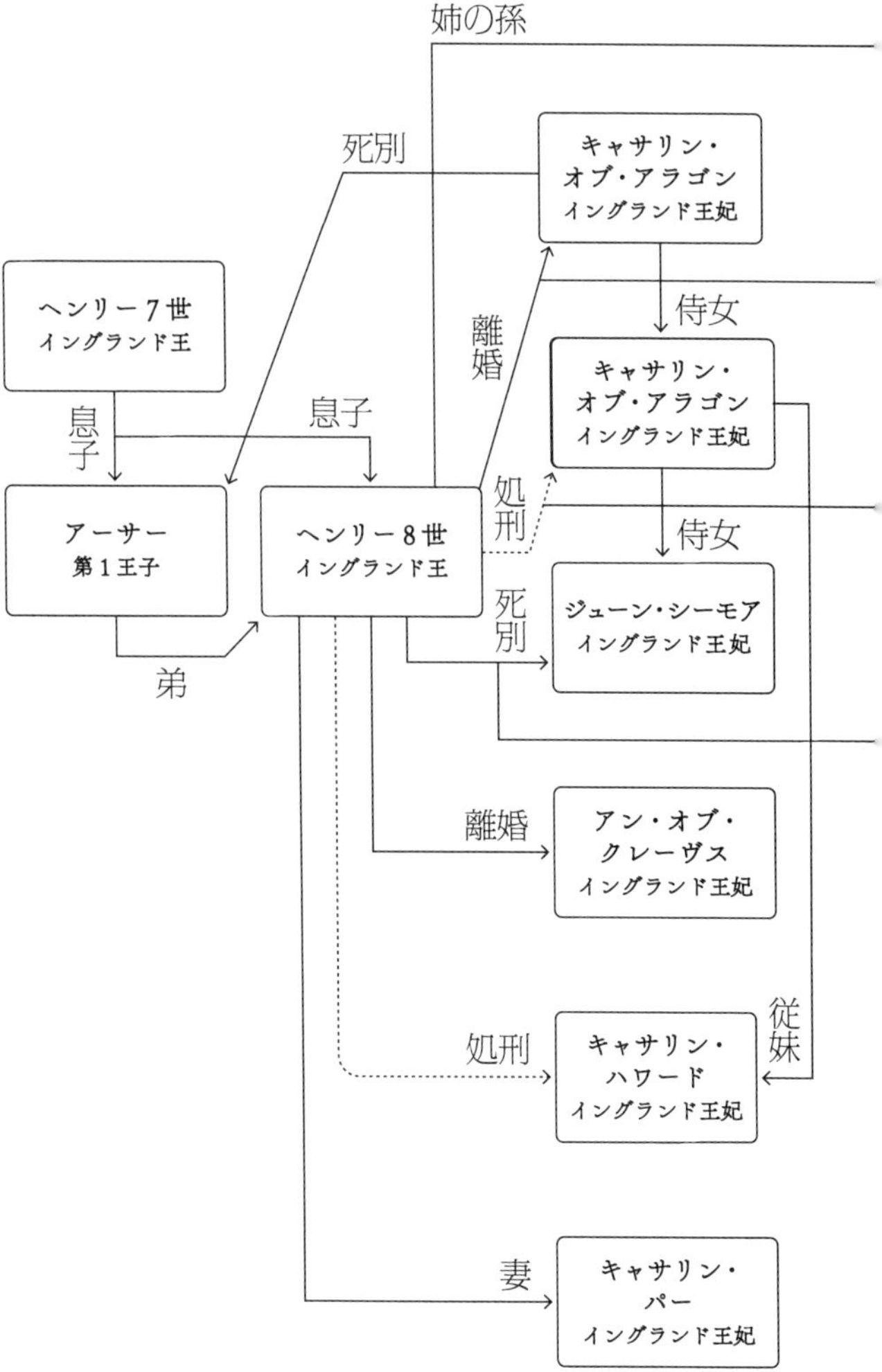
姉の孫
死別
キャサリン・
オブ・アラゴン
イングランド王妃
ヘンリー7世
イングランド王
侍女
離婚
キャサリン・
オブ・アラゴン
イングランド王妃
息子
息子
処刑
アーサー
第1王子
ヘンリー8世
イングランド王
侍女
死別
ジューン・シーモア
イングランド王妃
弟
離婚
アン・オブ・
クレーヴス
イングランド王妃
従妹
処刑
キャサリン・
ハワード
イングランド王妃
妻
キャサリン・
パー
イングランド王妃

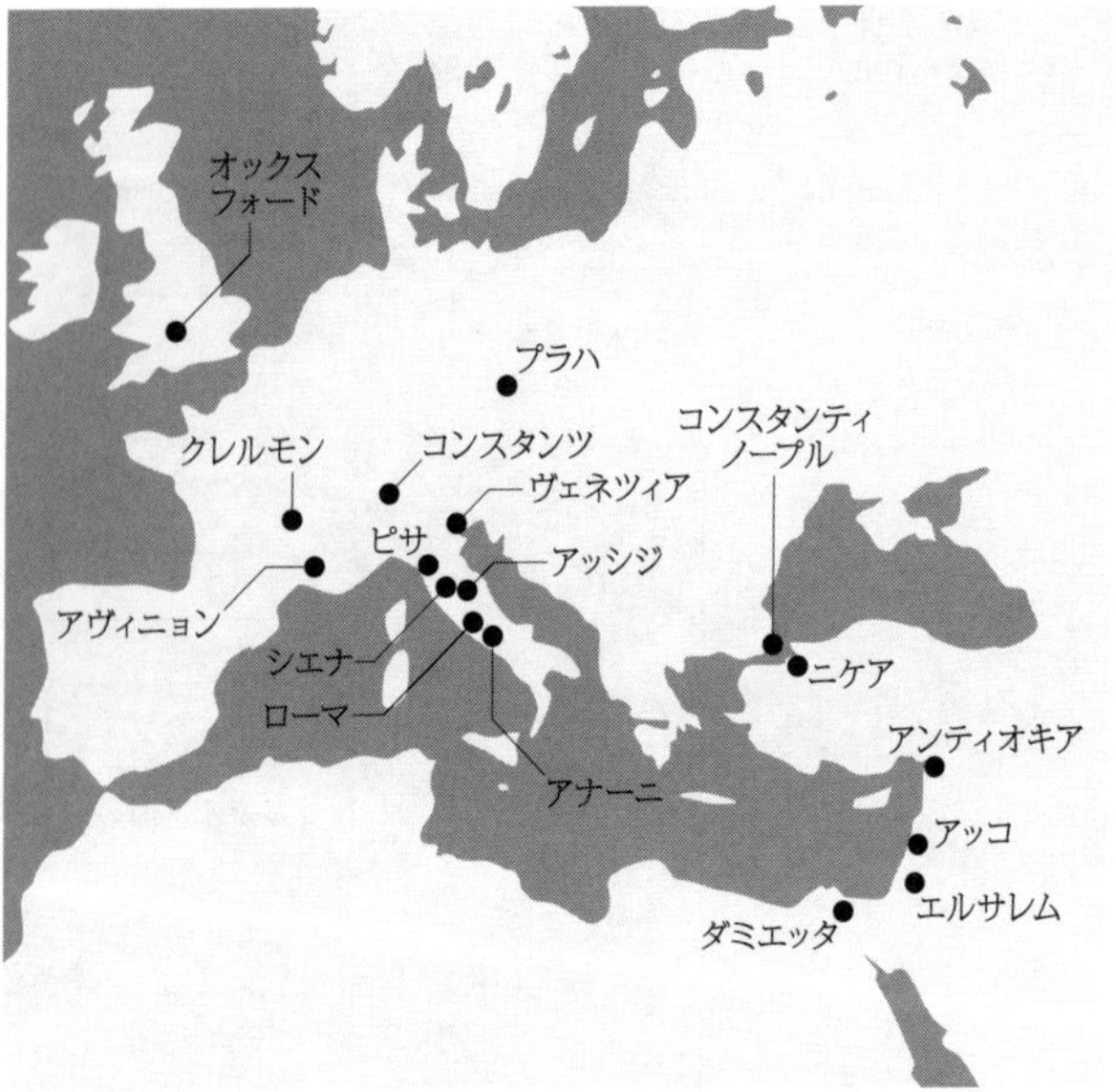
オックス
フォード
プラハ
コンスタンティ
ノープル
クレルモン
コンスタンツ
ヴェネツィア
ピサ
アッシジ
アヴィニョン
シエナ
ニケア
ローマ
アンティオキア
アナーニ
アッコ
エルサレム
ダミエッタ

聖戦の名で虐殺や暴虐が行われる

西暦1038年にイランで誕生したイスラム帝国セルジューク朝《ちょう》は、急速に支配地域を拡大し続け、1071年にはキリスト教の聖地エルサレムをはじめ、パレスチナやシリアの大部分を征服していました。領土を奪われたビザンティン帝国の東方教会だけでなく、神聖ローマ帝国の西方教会にとっても、これは由々《ゆゆ》しき事態でした。エルサレムが異教徒に征服されたということは、聖地巡礼ができなくなることを意味したからです。

キリスト教の東西教会は1054年の「相互破門」（135ページ参照）以来、分裂状態が続いていましたが、ビザンティン帝国の東方教会は、西方教会に救援を要請しました。このままではイスラム勢力に滅ぼされてもおかしくないので、教義をめぐって対立した相手を頼らざるをえないほど、本当にあとがない窮地だった、ということです。

対立していた東方教会からの救援要請は、西方教会に大きな優越感と燃えるような使命感を与えました。時のローマ教皇ウルバヌス2世は、1095年に開催したクレルモン公会議の参加者を通じて、彼の影響下にある西方地域全体に檄《げき》を飛ばしました。

「これは、すべてのキリスト教徒に対する重大な犯罪である。聖地を奪還するために剣を取れ！　この崇高なる聖戦に参加し、戦闘で死んだ者は天国に救済されるであろう」

教皇からのそんな呼びかけに応じて、1096年、異教徒から聖地を奪還する使命に燃えた者たちがヨーロッパ各地から集結し、十字軍は東方への行軍を開始します。これが、以後の約200年間に合計8回行《おこな》われる「十字軍」のはじまりでした。

ビザンティン帝国の帝都コンスタンティノープルに集結した十字軍は、皇帝の歓待を受けたのち進軍し、キリスト教の最初の公会議が行われた重要な土地であるニケアを、まず奪還します。ですが、かつて5大教会のひとつがあった要所アンティオキアの攻城戦は苦戦し、膠着《こうちゃく》状態は8カ月も続いて、十字軍は心身が疲弊《ひへい》しました。

そんな中、ひとりの兵士が神の啓示を受け、十字架につけられたイエス・キリストの脇腹を刺したとされる、兵士ロンギヌスの槍《やり》を地中から見つけました。この「聖槍《せいそう》」の奇跡の発見による興奮が異常な熱狂を生み出して十字軍に活力が戻り、彼らはアンティオキアに猛攻撃を仕掛け、イスラム軍を退却させました。

聖槍発見が勝利の大きな要因でしたが、この件は聖職者たちに問題視されます。ふつうの兵士が神の啓示を受け、英雄となったことへの嫉妬もあったのでしょう。

「もしそれが本物なら、発見したお前は、神の奇跡で守られるはずだ――」

聖職者たちはそう言って、聖槍を発見した兵士に炎の試練を受けさせます。炎に包まれた兵士は、全身火傷《やけど》で亡くなり、ロンギヌスの槍は偽物《にせもの》と断定されました。

さらに進軍した十字軍は、1099年6月7日、ついに聖地エルサレムに到着し、兵士たちは歓喜の涙を流します。エルサレムの城壁を攻めるのに苦戦した十字軍でしたが、はるばるここまで遠征してきた彼らの高揚感が並外れた結束を生み出し、攻城開始から39日目となる7月15日、ついに十字軍は城壁を越えて、エルサレムに突入します。

熱にうかされたように目を爛々《らんらん》と輝かせた兵士たちは、2日間にわたってエルサレムの異教徒たちを幼児も含めて無差別に虐殺し、女性たちを凌辱《りょうじょく》し、聖地を血に染めました。こうした蛮行《ばんこう》が、後世まで十字軍の悪いイメージを遺すことになります。

そして、十字軍を派遣した教皇ウルバヌス2世は、1099年7月29日、聖地エルサレム奪還の知らせがローマに届く直前に帰天しました。全8回に及ぶ十字軍のうち、本来の目的である聖地エルサレム奪還を達成したのは、第1回のこの時のみです。

熱狂と失敗をくり返す十字軍

第1回十字軍の成功後、エルサレム王国をはじめ、「十字軍国家」と呼ばれる4つのキリスト教国家が地中海の東岸に建国されました。クリスチャンたちは、それらの国を通過することで、ふたたび聖地エルサレムに巡礼できるようになりました。また、巡礼者を護衛するため、テンプル騎士団、ヨハネ騎士団、ドイツ騎士団が組織されました。

第1回十字軍は、キリスト教徒がイスラム教徒に奇襲を仕掛けた形でしたので、聖地エルサレムに至る土地をすべて奪還することに成功しました。ですが、不意打ちされて領土を失ったイスラム勢力が、そのままおとなしく引き下がるはずはありませんでした。

1144年、セルジューク朝のイスラム軍が、十字軍国家のひとつエデッサ伯国を占領し、滅ぼしました。ふたたび聖地を奪われる危機感を強めたローマ教皇の呼びかけで第2回十字軍が組織され、1147年に派遣されました。しかし、第1回の時のような熱狂はなく、また、今度はイスラム勢力も充分な備えをしていたので第2回十字軍は各地で連戦連敗し、大きな成果を出せないまま敗走し、失敗に終わりました。

新たなイスラム帝国アイユーブ朝を建国したサラディンは、「ジハード（聖戦）」を宣言して1187年に十字軍国家のエルサレム王国を撃破し、聖地エルサレムは88年ぶりにムスリムに奪還されました。サラディンは怒濤の猛攻を続け、わずか数カ月のうちに、十字軍国家は、すべてイスラム軍によって陥落させられることになります。

ローマ教皇クレメンス3世の呼びかけにより、1189年、第3回十字軍が、ふたたび聖地を目ざしました。参加していた神聖ローマ帝国の皇帝フリードリヒ1世が川を渡る際に落馬して溺死する悲劇もありつつ、パレスチナ北部の街アッコでの包囲戦では十字軍が勝利します。その後、大目標である聖地エルサレム奪還には失敗しましたが、「ライオンハート（獅子心王）」と呼ばれるイングランド王リチャード1世がサラディンと休戦協定を結び、エルサレムは以後もムスリム支配下に置かれるものの、非武装のクリスチャンは聖地巡礼できることになり、第3回十字軍は1192年に終了しました。

1202年、ローマ教皇インノケンティウス3世の呼びかけで組織され、派遣された第4回十字軍は、アイユーブ朝の本拠地エジプトを目ざすはずでした。ところが、渡航費を稼ぐために同じキリスト教国のハンガリーを攻撃したことによって、十字軍は教皇から一時的に破門され、後日、ゆるされます。その後、ビザンティン帝国で弟に帝位を奪われ亡命してきた皇子が十字軍を頼ってきたのをきっかけに、彼らは矛先をコンスタンティノープルに向けます。そもそも十字軍が始まったのは、ビザンティン帝国が救援を要請してきたからですが、あろうことか、第4回十字軍はビザンティン帝国の帝都コンスタンティノープルに攻め入り、ラテン帝国を建国してしまいました。この事件の裏には、当時、地中海貿易の利益を独占していたヴェネツィアの商人がコンスタンティノープルで虐殺されたことへの復讐、という面もありました。亡命皇子の依頼は口実で、ヴェネツィア商人たちは十字軍に船と渡航費を提供する代わりに、コンスタンティノープルを滅ぼさせたのです。帝都コンスタンティノープルは陥落し、味方であったはずの十字軍に蹂躙されます。皇族は亡命し、半世紀以上を経て1261年に復権することになりますが、ビザンティン帝国は致命的な被害を受け、これが東ローマ帝国の実質的な滅亡であった、と考える歴史家もいます。傍若無人な十字軍によるラテン帝国建国により、東西教会の分裂は、修復不可能なほど決定的になりました。この第4回十字軍は、なんとも後味が悪く、「史上最悪の十字軍」と見なされています。

1218年、第5回十字軍は、アイユーブ朝の本拠地エジプト攻略を目ざし、まず、ダミエッタの港を攻め落とします。この時、イスラム側からエルサレム王国の領土返還という提案もあったのですが、十字軍内の意見の対立があったため実現せず、その後、イスラム勢力に大敗し、第5回も失敗に終わりました。

教皇グレゴリウス9世は、十字軍遠征を約束したフリードリヒ2世を神聖ローマ帝国皇帝として戴冠させます。しかし、ペストにかかり、なかなか出征しない皇帝を教皇は破門してしまいます。フリードリヒ2世は、教皇との和解のため、1228年に破門されたまま進軍を開始したので、第6回十字軍は「破門十字軍」とも呼ばれます。

フリードリヒ2世にとって幸運なことに、当時、アイユーブ朝では内乱が勃発していたので、戦闘ではなく外交交渉によって、聖墳墓《せいふんぼ》教会などエルサレムの一部がキリスト教に返還され、2大宗教が初めて聖地で共存することになりました。エルサレムの統治権を回復したフリードリヒ2世は破門されたままだったので、教皇グレゴリウス9世は皇帝を討伐する十字軍を新たに派遣し、迷走します。しかも、それはフリードリヒ2世に撃退され、結局、グレゴリウス9世は皇帝の破門を解くことになりました。

第6回十字軍の延長として、アイユーブ朝との10年間の平和条約が切れるのに合わせて、新たな十字軍出兵を、グレゴリウス9世は各地の諸侯に命じました。ですが、フリードリヒ2世が平和条約が切れるまで自国を通過させないと主張したので、集合が遅れます。激怒したグレゴリウス9世は、ふたたびフリードリヒ2世を破門しました。その後、諸侯を中心とした「男爵《だんしゃく》十字軍」は、イスラム軍と戦闘し、敗北しますが、アイユーブ朝の内乱が続いていたため、ふたたび平和条約を結ぶことができました。

1244年、アイユーブ朝によってエルサレムが奪われると、1248年、「聖王ルイ」とも呼ばれるフランス国王ルイ9世が十字軍を率いて出陣します。しかし、ルイ9世は、エジプトのカイロを目ざす途中の戦闘で敗北して、捕虜となります。その後、クーデターでアイユーブ朝が打倒され、新たに発足したマムルーク朝に賠償金を払い、ルイ9世は釈放されました。これにより、第7回十字軍は終わりました。

1268年、イスラム軍の攻撃により、十字軍国家のアンティオキア公国が滅亡しました。1270年、第8回十字軍としてルイ9世が、ふたたび出兵しますが、北アフリカを目ざす途上で死去します。別方に向かっていた軍隊もマムルーク朝に敗れます。

第1回の劇的な成功体験が忘れられずに200年間も続いた十字軍は、大きな成果を出せずに敗北が続き、気運は弱まり続けました。最後まで残っていた十字軍国家のエルサレム王国が1291年に滅亡すると、十字軍という夢——あるいは悪夢——の歴史は、完全に終了しました。これにより、十字軍を呼びかけ続けたローマ教皇の権威は失墜し、十字軍で財産を失った諸侯の力が弱まり、各地の王の権力が強まりました。

清貧の修道士の崇高な理念は裏切られる

12世紀から13世紀にかけて生きたアッシジのフランシスコ（フランチェスコとも表記されます）は、キリスト教のみならず、他宗教からも崇敬されている代表的な聖人です。彼が生きた時代は、ちょうど貨幣経済が劇的に発展していた時期で、商売は非人間的になり、格差が広がるなどの問題が生じていました。フランシスコはイタリア中部アッシジで、裕福な商人の家で生まれ育ちました。若い時のいくつかの神秘体験を経て、自然や動物を友人のように愛し、清貧を好むようになりました。彼は、自分の持ち物だけでなく両親の財産も気前良く貧しい人たちに施しました。困り果てた父親が教会に相談し、司教が彼に財産を大事にするように注意します。しかし、フランシスコは、父親の財産を相続する権利を放棄し、衣服さえ捨てて裸で家を飛び出してしまうのでした。

「わたしは卑小《ひしょう》な存在だ。でも、そんなわたしにも、できることはあるはずだ」

伝染病患者を親身に世話したり、レンガを自分で運んで壊れた教会を修復したり、地道な活動を続けるフランシスコの純粋で崇高な精神を慕う者たちが、次第に彼のまわりに集まり始めます。フランシスコは金銭は穢《けが》らわしいものと見なして触れようとせず、肉体労働の対価や周囲の人から物品の施しを受ける「托鉢《たくはつ》」で日々の食糧を得ました。

仲間が12人になった時、フランシスコたちはローマを訪れて教皇インノケンティウス3世に面会し、新しい修道会「フランシスコ会」を創設することを認可されます。フランシスコの人徳は多くの人々を魅了し、フランシスコ会は発展し続けました。フランシスコの霊的姉妹であるクララ（キアラとも表記されます）も女子修道院を創設し、クララも徳の高い人物だったので、ふたつの修道院は、そろって発展を遂げました。

フランシスコは、異教徒への宣教にも熱心で、1219年、第5回十字軍が駐留していたエジプトに渡ると、お供をひとりだけ連れて敵陣にみずから乗り込み、アイユーブ朝のスルタン（君主）と対面し、不毛《ふもう》な争いをやめるために、彼に改宗を迫りました。「あなたたちの宗教指導者とわたしを、直接対決させてください。ともに炎の中をくぐりましょう。そうすれば、神様がどちらを支持されるか、おわかりになるでしょう」

フランシスコの言葉はハッタリではなく、彼は実際、この時、炎の中を歩いて無傷だったと伝えられます。よくある偉人伝説と言ってしまえばそれまでですが、そのような逸話が無数に存在する事実は、フランシスコが当時の人たちからいかに尊崇されていたかを現代に伝えてくれます。彼を「イエス・キリスト以降に誕生した、もっとも偉大な聖人」と呼ぶ人も多くいます。ひとつ言えるのは、この聖人のまっすぐな想いは、宗教の違いなど軽々と飛び越し、多くの人々の心を揺さぶるだろう、ということです。

スルタンは、改宗には至りませんでしたが、この一点の曇りもない澄んだ瞳の修道士に魅了されました。フランシスコの迷いなき信仰心に驚嘆し感銘を受けたスルタンは、異教の客人を友として大いに歓待し、十字軍の陣営まで丁重に送り返しました。そのような逸話もあり、アッシジのフランシスコは、イスラム教徒からも崇敬されています。

フランシスコは、彼自身がまったく望んでいなかった修道会の発展により、修道士たちが謙虚さを忘れて浮かれていることを危惧《きぐ》していました。彼自身はあくまで自然のまま、清貧のままでいたかったのですが、皮肉なことに、フランシスコのそうした並外れた徳の高さが、彼の想像していた以上に修道院を大きく成功させてしまったのです。

1226年に帰天する前、フランシスコは、自分の死後も清貧を貫くように、遺言の中で修道会に命じていました。ところが、1230年、教皇グレゴリウス9世は、フランシスコの遺言は無効であると宣言し、フランシスコ会は寄進された莫大な財産を所有できるようになり、創始者の意に反して、裕福な修道会となってしまったのでした。

なお、2013年に即位したローマ教皇フランシスコの名前は、このアッシジのフランシスコに由来します。教皇フランシスコも、それ以前の教皇の常識を大きく覆し、教皇でありながら清貧を貫く姿勢で、他宗教からも尊敬と共感を集めています。

教皇庁が引き裂かれ教会は大分裂時代に

ローマ教皇ボニファティウス8世は、西暦1300年を「聖年《せいねん》」と定めました。聖年とは、カトリック教会で「その年に聖地ローマを巡礼した者たちは罪がゆるされる」と教皇が宣言する特別な年です。2022年までに聖年は27回あり、教皇ヨハネ・パウロ2世時代の2000年は「大聖年」とされました。こうした聖年が最初に設定されたのが1300年で、教皇ボニファティウス8世は、カトリック教会のすべての聖職者に同年のローマ巡礼を義務づけ、教皇の絶対的な権威を教会の内外に示しました。

教皇ボニファティウス8世は、自身の権威を疑わず、フランス王国の国王フィリップ4世に、教会への課税をやめるように要求します。どちらも譲らず両者は激しく対立し、ボニファティウス8世から破門されたフィリップ4世は、1303年、生まれ故郷アナーニの離宮《りきゅう》に滞在していた教皇を部下に襲撃させます。教皇は捕まり、殺されそうになりますが、周囲の制止もあり、いのちは助けられました。教皇は3日間、飲食もできず監禁されます。民衆が救出のために暴動を起こし、教皇は解放されたものの、この事件のショックにより、翌月に憤死。これが「アナーニ事件」として知られる騒動です。

続く教皇ベネディクトゥス11世は、在位わずか8カ月で毒殺され、フィリップ4世の傀儡《かいらい》である教皇クレメンス5世が即位します。1309年、フィリップ4世に命じられるままに、教皇クレメンス5世は、教皇庁をそれまでのローマからフランス南部のアヴイニョンに移します。これ以降、教皇がアヴィニョンを拠点とするようになった時期は、かつてユダヤ人がバビロンに連行された「バビロン捕囚」になぞらえて、「アヴィニョン捕囚」や「教皇のバビロン捕囚」と呼ばれることもあります。バビロンとアヴィニョンがたまたま韻を踏んでいたことも、そんな呼称が定着した要因でしょう。

十字軍の時代、聖地巡礼するクリスチャンを護るために組織されたテンプル騎士団は、その役割ゆえに、多くの寄進を得て、経済的に裕福でした。彼らはキリスト教の諸国を経済的に支援していたのですが、フィリップ4世は、１３０７年にテンプル騎士団の解散を命じ、財産を没収します。教皇クレメンス5世は弱腰で逆らわず、やがて火刑に処された騎士団長モレーは、炎に包まれながらフィリップ4世と教皇クレメンス5世に呪いの言葉を吐き、呪われた両名は、その年のうちに急死しました。

以後、教皇庁がアヴィニョンに置かれている約70年間は、常にフランス人が教皇に就任しました。１３７７年、修道女であるシエナのカタリナ（カテリーナとも表記されます）の真摯《しんし》な手紙がきっかけで、教皇グレゴリウス11世は心を揺さぶられて、ついにローマに戻りましたが、その翌年に死去してしまいます。

ローマでは新教皇ウルバヌス6世が選出されますが、アヴィニョンでは別の教皇が選出され、ローマとアヴィニョンに教皇と教皇庁が並び立つカトリック教会史上唯一の異常事態となりました。これが、「教会大分裂」と呼ばれる時代のはじまりです。1409年にピサで開かれた公会議では、新教皇を立てることで事態の解決がはかられましたが、だれひとり譲歩しなかったので、3人の教皇が並び立つ最悪の事態となってしまいます。この分裂は、1417年に教皇マルティヌス5世が選出されるまで続きました。

教皇庁の分裂は、イングランドとフランスによる百年戦争長期化の要因のひとつでもありました。フランス王位継承をめぐり、イングランド王エドワード3世が異議を唱えたことが発端となって1337年に始まった百年戦争は、領土問題も絡み、1453年まで116年間も続きましたが、このように戦争が長期化した背景には、以前なら両国の争いを仲裁できていた教皇庁の権威が弱まっていたこともあったのです。

百年戦争の終盤、イングランドに圧倒されて敗北が近づいていたフランス陣営に、神の声を聞いた10代の少女ジャンヌ・ダルクが現れます。神の使いジャンヌを得たフランスは勢いを盛り返し、奇跡的な逆転勝利を飾ります。休戦協定が結ばれたあと、邪魔になったジャンヌ・ダルクは最大の功労者でありながら火刑に処されますが、後年にはカトリック教会から聖人と認定され、今ではフランスの守護聖人と見なされています。

中世、ペストの流行などで神への不信感が強まっていた世相に対処するため、カトリック教会は、あやしげな魔術を使う者を（女性に限らず）「魔女」と認定し、火刑に処しました。いったん容疑をかけられると弁解は不可能で、魔女として処刑された者たちの財産は教会に没収されました。ジャンヌ・ダルクの火刑に、そのような「不思議な魔術を使う魔女への畏怖」という当時の人たちの感情が関係していたことも事実です。

非業の最期を遂げた早すぎた改革者たち

教会大分裂の時代、14世紀のイングランドのカトリック司祭でオックスフォード大学の神学教授であったジョン・ウィクリフは、人々から集める財産に目がくらんだカトリック教会の特権意識や装飾的な儀式を自著で批判し、同じ考えの貴族たちから支持されていました。14世紀のなかばに流行してヨーロッパの全人口の3分の1を死に至らしめたペスト（黒死病）を人々は「罪深い人間への神の裁き」だと捉えていましたが、ウィクリフは「罪深い聖職者への裁きだ」と、より限定的に捉えました。それだけ彼はカトリック教会への改革意識があったのです。ウィクリフは、カトリック教会で信じられてきた「ミサの儀式によってパンとワインはイエス・キリストの肉体と血に変化する」とする「聖変化説」を否定したことで正式に異端だと宣告され、大学を追放されます。

カトリック教会と対立したことで、ウィクリフはさらに自分の信念を強め、その時代においては禁止されていた「聖書の英訳」を行《おこな》い、1382年には史上初となる英訳版の新約聖書を、その翌年には英訳版の旧約聖書も完成させました。

1384年に脳卒中で死去したウィクリフの活動は、のちの宗教改革を先取りした形ですが、早すぎたため、ムーヴメントとなりませんでした。ウィクリフが英訳した聖書は1408年に禁書とされ、読んだ者は異端と宣告する、と教会は発表しました。

14世紀から15世紀にかけて、神聖ローマ帝国の皇帝カール4世の本拠地であるボヘミア（チェコ）のプラハは、文化の中心地でした。プラハ大学が創設され、その総長となったのがヤン・フスでした。カール4世の娘がイングランド王と結婚した影響で、ジョン・ウィクリフの著作がプラハに入ってきて、広く読まれるようになりました。大学側はウィクリフの思想を支持することを禁止しますが、ヤン・フスは、ウィクリフの著作から強い影響を受けます。フスがカトリック教会を批判した際、大司教は当初は容認していましたが、教皇からの命令を受けてフスが聖職者を批判することを禁じました。

当時、ローマとアヴィニョンに教皇と教皇庁が並立していました。カトリック教会は、対立を解決するために１４０９年のピサ公会議でアレクサンデル5世を擁立しますが、既存の対立教皇が譲歩せず、３人の教皇が並び立つ最悪の状況となってしまいます。

新たに即位した3人めの教皇アレクサンデル5世はジョン・ウィクリフの教えを厳重に取り締まると宣言し、ウィクリフを支持するヤン・フスは破門されました。しかし、ボヘミアではフスの思想を支持する層が拡大しており、民衆の暴動が起きます。

教会大分裂を解決するために、１４１４年にコンスタンツ公会議が開かれ、ヤン・フスも招かれました。フスは教会批判の自説を撤回するように要求されましたが、拒んだため、翌年、火刑に処されることになります。処刑される前、フスは予言しました。

「弱いガチョウ（チェコ語で「フス」は「ガチョウ」の意味）を殺しても、いずれ、もっと強力な鳥たち——鷲《わし》や隼《はやぶさ》——が、わたしの後継者になってくれるだろう」

この発言は、のちに、マルティン・ルターが少しアレンジして引用しました。

「たとえガチョウを焼いても、100年後には白鳥の歌を聴くことになるだろう」

紅蓮《ぐれん》の炎で焼かれたヤン・フスの遺体は川に捨てられました。フスに絶大な影響を与えたジョン・ウィクリフは数十年前に亡くなっていましたが、ウィクリフもこのコンスタンツ公会議後に遺体が墓から掘り起こされ、燃やされ、川に捨てられました。

この世の終わりの「最後の審判」において、すべての死者が復活すると信じるキリスト教では、きたるべき時の復活に備えて、土葬が原則となっています。火葬が罰になるのは、遺体を焼くことに「肉体の復活を阻止《そし》する」という意味があったからです。ただ、現在のキリスト教では、遺体がそのまま復活するとは捉えていないので、必ずしも土葬が前提ではなく火葬する選択肢もあります。実際、2020年以降にコロナ禍《か》で亡くなった方たちのご遺体は、ヨーロッパでも感染予防のために原則として火葬されています。

ジョン・ウィクリフとヤン・フスは、彼らの約100年後にマルティン・ルターから始まる宗教改革の紛れもない先駆者でしたが、時代がまだ彼らに追いついておらず、カトリック教会に対して主張するのが早すぎたため、非業の最期を遂げることになってしまいました。それでも、彼らの精神はルター以降の改革者に受け継がれました。

死後の魂の救済までも売買される腐敗

キリスト教会では、洗礼を受けてクリスチャンになることで、それ以前に犯した罪はゆるされると考えます。また、受洗後に犯した罪は、司教や司祭に告白し、罪に見合った償《つぐな》い（お祈りや社会奉仕活動など）をすることで、ゆるされる——というのが、カトリック教会の「ゆるしの秘跡《ひせき》」です。そのような伝統を故意に歪曲《わいきょく》させ、十字軍の際には、異教徒との戦闘中に死亡した者や戦費を寄進した者たちの罪は、ゆるされる——または罪を償うための罰が軽減される——と、ローマ教皇は約束しました。教皇たちはさらに、「聖年」と定めた年にローマを巡礼した者も、こうした罰の免除や軽減を受けられるとしましたが、教会大分裂の時代ゆえにローマに巡礼できない者たちには、罰の免除や軽減を証明する「免罪符《めんざいふ》（贖宥状《しょくゆうじょう》とも呼ばれます）」が販売されることになりました。つまり、お金を払いさえすれば、どんな罪の罰も免除や軽減されると、カトリック教会で神の代理人とされるローマ教皇が約束してしまったのです。

免罪符は、初代教会の頃から存在していて、当初は罪の償いが難しい者に免除を与えるためのものでした。やがて、本来とは違った意味合いで使われるようになります。

のちに誕生するプロテスタント教会では、死者は天国か地獄のどちらか片方に送られると考えられていますが、カトリック教会には、地獄に行くほどの悪人ではないが、天国に行くためには罪を残している者が魂を浄化するための「煉獄《れんごく》」という場所がある、という教義があります。現世の人がお金を払って免罪符を購入することで、知己《ちき》の故人が煉獄で魂を浄化する時間を短縮できる、ともカトリック教会は謳《うた》っていました。そのため、裕福な貴族は、愛する故人を救済するために、競って免罪符を購入したのです。

「彼らを救うことができるなら、わが財産を投げ出しても、なにも惜しくない」

免罪符を無節操に濫発して、のちの宗教改革を誘発したのは、教皇レオ10世でした。当時のイタリアを経済力と政治力で牛耳《ぎゅうじ》っていたメディチ家出身のこの教皇は、ミケランジェロやラファエロらルネサンス期の芸術家のパトロンで、サン・ピエトロ大聖堂建設の費用として莫大な資金が必要なので、免罪符をその資金集めに利用しました。現代の正統派キリスト教会ではありえないことですが、いまだにこの手法を用いているのが、定期的に世の中を騒がす現代のカルト宗教です。16世紀のカトリック教会は、現代のカルト宗教なみに手段を選ばぬ資金集めを行い、腐敗の頂点（あるいは、どん底）に達しました。このような教会の腐敗を多くの民衆が実感していたからこそ、100年前は不発に終わった宗教改革が、ついに実現へと動き始めることになります。

16世紀の免罪符による資金集めは明らかに宗教の腐敗であったと現代のカトリック教会も誤りを認めていますが、そうした迷走があったからこそミケランジェロやラファエロらルネサンス期の優れた芸術作品が多く遺され、サン・ピエトロ大聖堂が完成したことを考えると、単なる善悪だけでは割り切れない歴史の不思議も実感させられます。

教会に捨て身で抵抗した最大の改革者

先に述べたジョン・ウィクリフやヤン・フスのように、カトリック教会に抗議する運動は以前から存在していましたが、カトリックからプロテスタントが分離・独立する、いわゆる「宗教改革」は、1517年、ヴィッテンベルク大学の神学部教授であったカトリック司祭のマルティン・ルターが、神聖ローマ帝国内で販売されていた免罪符への

「95か条の提題（質問状）」を教会の扉に打ちつけたことがはじまりとされています。

マルティン・ルターといえば、宗教改革の代名詞とされる人物ですが、ルター自身にはカトリック教会から分裂して新しい教会をつくる意志など1ミリもなく、彼はただ、教会の内部改革のみを望んでいました。その証拠に、彼が教会の扉に打ちつけた質問状は、一般民衆の読めないラテン語で書かれていました。つまり、それは、ラテン語を読めるカトリック教会の聖職者たちへの問題提起であったのです。ところが、ルターのこの行動は、本人の意志を超え、以後、ひとり歩きして世界の歴史を塗り替えます。

1520年、教皇レオ10世はキリスト教会全体に宛てた勅書《ちょくしょ》の中で「主《しゅ》のぶどう畑に1匹の獣が侵入した」とルターを批判して破門し、彼の著作をすべて焼き払うように、すべてのクリスチャンに命じました。勅書に従ってルターの著書を燃やす者もいれば、ルターを批判する書籍を燃やす人たちも現れ、大衆の意見は二分します。支持者の盛り上がりが本人を強気にさせたのか、ルターは民衆の前で教皇勅書を焼き払います。

「これこそ、わたしが批判した現在のカトリック教会の、もっとも醜い部分だ！」

教会の扉に質問状を打ちつけた際には、ラテン語で書く配慮をした彼でしたが、宗教改革の大波に押された彼は、ついに一線を越えました。教皇の勅書を公衆の面前で焼き捨てたのは、カトリック教会の一員としては、みずからの退路を断つ行為でした。ルターが教皇に謝罪して破門が解かれる可能性は消え、カトリック教会を内部から改革することは、もはや、できなくなりました。ルターは神聖ローマ帝国の皇帝から国外追放にされますが、皇帝と政治的に対立する有力諸侯（ザクセン選帝侯フリードリヒ3世）に匿《かくま》われ、ヴァルトブルク城に潜伏する生活中に聖書のドイツ語訳を完成させます。

教会への疑問を掘り下げた結果として、ルターは、カトリック教会が聖書と同じく重視してきた「聖伝（教会の伝承）」を否定し、「聖書のみが大切である」、「人は行動ではなく信仰で救われる（信仰義認）」、「聖職者と信徒の立場を区別すべきではない（万人祭司）」という理念を語りました。これが以後、「抗議する者」を意味するプロテスタントの中心思想となります。なお、世界史では「ルターの信仰義認」と呼ばれることが多いですが、その考えは新約聖書に書かれているパウロの思想に基づき、ルター自身もパウロが元ネタだと認めており、彼がゼロから着想したことではありません。

ルターの主張は、以前から人々が抱えていた疑問の受け皿となり、ちょうど印刷技術が発達していた時期でもあり、書籍として量産され、ヨーロッパの人々に拡散されました。ルター自身の行動以上に彼の主張がひとり歩きして、旧体制に反発したかった者たちに利用され、宗教改革は、次第にカトリック教会を脅かす存在となっていきます。

諸侯から重税を課されていた農民たちは、ルターの影響で1524年に反乱を起こします。このドイツ農民戦争において、ルターは最初、農民たちを支持していましたが、途中で態度を変えて諸侯に味方し、「農民どもを殺してしまえ！」と訴えました。そうしたルターの姿勢に気を良くした諸侯たちは、ルターの宗教改革を支持したのでした。

各地で急速に拡大し続ける宗教改革

マルティン・ルターの宗教改革運動に続いたのは、スイスのフルドリッヒ・ツヴィングリでした。彼の主張の根幹はルターと一致していましたが、一部、聖餐式《せいさんしき》などに関して異なる点もありました。その相違点ゆえに両者が分裂したあと、ツヴィングリはカトリック勢力との戦闘中に死亡し、彼の思想は、のちのカルヴァン派に吸収されます。

フランス人の神学者ジャン・カルヴァンは、1536年、26歳の時に代表作『キリスト教綱要』を出版し、大きな評判となります。彼は以後、四半世紀以上にわたり同書の増補改訂版を4回も出版します。初版は全6章から成る構成でしたが、最終の第5版では全80章もの大著となっていました。まさに、彼のライフワークと言える著作です。

1536年に『キリスト教綱要』が評判になっていたこともあり、カルヴァンはプロテスタントの牧師に依頼されてジュネーヴの宗教改革に協力することになります。彼の理念に基づき説教を行《おこな》いましたが、同市の評議会の反発を買い、1538年に追放されます。しかし、1541年には市民の求めで、ふたたびジュネーヴに戻りました。彼への根強い抵抗勢力もいましたが、カルヴァンは民衆の支持を得て改革を断行します。異端者を火あぶりにし、反対派を追放するなどカルヴァンは強気の姿勢を貫き、亡くなるまでの23年間、市民に厳格な宗教的規律を求める「神権政治」を行いました。

カルヴァンの思想の根本は、「予定説」と呼ばれる革命的な考え方でした。

「神は全知全能なので、天国に救済される者は、あらかじめ決まっているはずだ。だれが天国に行き、だれが地獄に行くかは人間の現世での行動には、まったく関係ない」

だれが救われるか、あらかじめ決まっているのだとすれば、人々はいっさいの努力をやめて堕落してしまう可能性もあるように思えます。ですが実際には、人々は自分こそが選ばれた者であると信じるべく、仕事に精を出すようになりました。

以前のキリスト教では、「金持ちが天国に入るのは、ラクダが針の穴を通るより難しい」というイエス・キリストの教えもあり、せっせと働き財産を蓄えることは罪悪だと見なされる面もありました。ところが、カルヴァンの思想により、「勤勉かつ禁欲的に働いた結果として財産を蓄えるのは、神様からのお恵みであり、なんら罪ではない」という思想がヨーロッパに広がり、資本主義が劇的に発展するきっかけとなったのです。

前述の通り、宗教改革のきっかけをつくったのはルターでしたが、プロテスタントの中心理念を確立し、後世により大きな影響を与えたのはカルヴァンでした。その後、ルター派はプロテスタントのルーテル教会となり、カルヴァン派もルター派に次ぐ規模の改革派・長老派教会として世界中に広がりました。この両派は、どちらも全世界での信徒数が8000万人以上いる、プロテスタントでは最大規模の教派となっています。

なお、カルヴァンの説いた予定説は、カトリック教会と東方正教会においては異端として否定されていますので、正統派キリスト教全体の考え方ではありません。

教皇と決別した王は新たな教会を創設

16世紀の初頭、イングランド王ヘンリー7世は、第1王子アーサーとスペイン王の娘キャサリン・オブ・アラゴンを結婚させましたが、病弱だったアーサーは、結婚のわずか4カ月後、伝染病による高熱で、15歳で早逝してしまいました。それは15世紀後半から16世紀にかけてヨーロッパ各地を悩ませていた「粟粒熱《ぞくりゅうねつ》」という伝染病で、それ以後は発生が確認されていないため、いまだに得体の知れない謎の病です。

兄弟の未亡人との結婚はカトリック教会では禁止されていましたが、ローマ教皇の特別な許可を得て、キャサリンはアーサーの弟と再婚し、彼がヘンリー8世となります。その後、キャサリンは、のちの女王メアリー1世を産んだものの、流産や死産をくり返し、王家を継承する男子の誕生は望めなくなりました。ヘンリー8世は世継ぎを得るために別の女性との結婚を希望しますが、カトリック信徒が離婚するには教皇の特別な許可が必要で、認められませんでした。教皇としては、ヘンリー8世とキャサリンの結婚を教会法を曲げて許可していたので、特例に特例を重ねたくなかったのでしょう。

「生涯、カトリックでありたかった……だが、離婚がゆるされないのなら……」

敬虔なカトリック信徒だったヘンリー8世ですが、イングランド王家を存続させるには男子の世継ぎが必要なので、キャサリンと離婚するためにカトリック教会から離脱する、という一大決心をしました。そうしてヘンリー8世が創立したのが、イングランド国王を長とするイングランド国教会、アングリカン・チャーチとも呼ばれる「聖公会《せいこうかい》」です。ヘンリー8世は元々、離婚問題がなければカトリックへの不満はなかったので、教義に変更が加えられたのは一部分でした。そのため、現在でも聖公会は、カトリックとプロテスタントの両方の特徴を備えた教会として知られています。聖公会はカトリック教会から分離・独立して誕生したのでカトリックに分類されることはありませんが、プロテスタントに分類されることはあり、8000万人以上の信徒数は、ルーテル教会、改革派・長老派教会と並び、プロテスタントでは最大規模の教派となります。

ヘンリー8世は、最初の王妃キャサリン・オブ・アラゴンとの結婚は無効であったと宣言すると、1533年、以前から密かに愛人関係にあったキャサリンの侍女アン・ブーリンと結婚しました。結婚した年に、のちの女王エリザベス1世が生まれましたが、男子が生まれない時期が続くと、ヘンリー8世はアン・ブーリンの姦通罪《かんつうざい》をでっち上げて、一時は心から溺愛《できあい》していたこの王妃を処刑してしまうのでした。

1536年、ヘンリー8世はアン・ブーリンを処刑した翌日に王妃の侍女ジェーン・シーモアと婚約し、10日後に結婚します。2番目の王妃アン・ブーリンは最初の王妃の侍女だったことを考えると、このイングランド王は侍女好きだったのかもしれません。3人目の王妃ジェーン・シーモアは、待望の王子（のちのエドワード6世）を産みましたが難産で、出産の12日後に亡くなってしまいます。

その後、ヘンリー8世は、敵対するようになったカトリック教会に対抗するねらいから、ドイツのルター派のアン・オブ・クレーヴズと結婚しました。ヘンリー8世は、アン・オブ・クレーヴスの美しい肖像画に恋をして結婚したのですが、それは実物より過度に美化されたものだったようです。ヘンリー8世は実際に会った彼女に失望し、結婚直後に婚姻は無効であったと宣言し、またもや離婚します。

どれだけ結婚に失敗しても懲りないヘンリー8世は、今度は、アン・ブーリンの従妹で侍女（またしても侍女！）のキャサリン・ハワードと結婚します。ヘンリー8世は、この若い王妃に夢中になりますが、やがて、キャサリンの姦通罪が発覚します。事実を認めたくない王は必死で否定したのですが、アン・ブーリンの時は捏造《ねつぞう》であった姦通罪が、今回は事実であったのは、かつて犯した罪の報いでしょうか。結果的に、ヘンリー8世は、もっとも溺愛した美しい王妃をも処刑することになるのでした。

1543年、ヘンリー8世は、6人目の妻となるキャサリン・パーと結婚し、これが最後の結婚となります。4年後の1547年、ヘンリー8世は崩御。彼の息子と娘たちが王位に就いたものの子供が生まれず、王位継承に執念を燃やしたヘンリー8世のテューダー朝が途絶えたのは、処刑された王妃たちの怨念であったのかもしれません。

保身のため大虐殺を行ったふたりの女王

メアリー1世は、ヘンリー8世と最初の妻キャサリン・オブ・アラゴンのあいだに生まれました。その時点のイングランドの法律では女性は王位を継げなかったので、メアリー1世は、充分な愛を注がれずに育ちました。その後、ヘンリー8世が、ふたりめの妻アン・ブーリンと再婚すると、最初の妻キャサリンとの結婚は無効とされたので、メアリー1世は、庶子《しょし》（正妻ではない女性から生まれた子）という扱いに格下げされます。

さらに、アン・ブーリンがエリザベス1世を産むと、メアリー1世は、異母姉でありながら、エリザベス1世の侍女にされてしまいます。王女として生まれた身でありながら、メアリー1世は、異母妹に服従することを強いられたのです。これは、王族としては、相当な屈辱であったであろうことは、想像に難《かた》くありません。

ヘンリー8世が亡くなった１５４７年、彼と3番目の妻ジェーン・シーモアとの息子エドワード6世が弱冠9歳で即位します。ヘンリー8世が生前に改定していた法律では、王位継承順位は、エドワード6世、メアリー1世、エリザベス1世の順でした。幼い王には、それを操る黒幕がつきもので、イングランドの貴族ジョン・ダドリーは若くして病床に臥《ふ》したエドワード6世に、自分の息子と王の従姉の娘ジェーン・グレイ（ヘンリー8世の妹の孫）を結婚させ、彼女に王位を継承させることを了承させます。

「これで良い。あとはエドワード6世が死ねば、わたしは女王の後見人となる」

１５５３年、エドワード6世が15歳で逝去すると、ジョン・ダドリーは、ジェーン・グレイが女王に即位すると宣言します。しかし、この暴挙は民衆に支持されず、正当な王位継承権のあるメアリー1世が即位し、ジョン・ダドリーとジェーン・グレイは斬首されます。そのためジェーン・グレイには「9日間だけの女王」の異名もあります。

ヘンリー8世と、その子エドワード6世の時代には、聖公会がイングランドの宗教の主流となりましたが、メアリー1世は、自分を不遇の身に落とした父王への恨みもあり、父王が離婚するために創設した聖公会に反発し、終生、敬虔なカトリック信徒としての姿勢を貫きました。離婚を認めないカトリックでは、自分が唯一の王位継承者だという考えもあったでしょう。メアリー1世は、即位後、父ヘンリー8世の宗教改革をすべて覆し、カトリックに反対する勢力を容赦なく300人処刑し、のちにカクテルの名前になる「ブラッディ・メアリー（血まみれのメアリー）」と呼ばれるようになります。

スペイン王家の血を引くメアリー1世は、のちのスペイン国王フェリペ2世と婚約します。カトリック国家であるスペイン王家との婚姻でイングランドが完全にカトリック国家に戻ることに抵抗し、エリザベス1世を女王にすることを求める暴動が起きます。

メアリー1世は暴動を鎮圧し、1554年、フェリペ2世と結婚します。しかし、フェリペ2世は、2年後にスペインに戻ると、以後、イングランドに戻ったのは1度だけで、ふたりは2度と再会することはありませんでした。メアリー1世には懐妊《かいにん》の兆候があったもののそれは想像妊娠で、卵巣腫瘍《らんそうしゅよう》が原因でした。結婚の失敗によるショックもあり、メアリー1世は体調を崩し、みずからの死期を悟ります。王位継承者は、彼女の異母妹エリザベス1世しかいません。メアリー1世にとってエリザベス1世は、自分の母（キャサリン・オブ・アラゴン）を王妃の座から追い落とした憎きアン・ブーリンの娘です。エリザベス1世の王位継承権をメアリー1世は認めたくありませんでした。しかし、1558年に崩御する11日前、メアリー1世は、イングランド王家テューダー朝を存続させるために、エリザベス1世の王位継承権を、ついに認めたのでした。

メアリー1世の治世では投獄されていたエリザベス1世でしたが、そのようにして、メアリー1世の崩御に伴い王位を継承しました。メアリー1世の時代にカトリックに立ち戻っていたイングランドは、エリザベス1世のもとで、ふたたび聖公会としての歴史を歩み始めることになります。悲運の女王メアリー1世が亡くなった11月17日は、以後200年間、「カトリックの圧政から解放された日」として国民の祝日となりました。

「なにがあっても、わたしは、カトリックを認めるわけにはいかないのよ……」

エリザベス1世がカトリックを認められないのは、彼女自身の出自が関係していました。つまり、彼女がカトリックを承認した場合、彼女の父ヘンリー8世と最初の王妃キャサリン・オブ・アラゴンの結婚と、その娘メアリー1世のみが正統な王室となってしまいます。その場合、自分の母アン・ブーリンは王妃ではなく単なる王の愛人であり、エリザベス1世自身は庶子となります。エリザベス1世は、自身の正統性を保つためには、絶対にカトリックを認めるわけにはいかなかったのです。それはもはや宗教的な信仰心とはなんの関係もない、政治的な動機に基づく判断であり、決断でした。

同名で紛らわしいのですが、ヘンリー8世の姉の孫も、メアリーという名前でした。スコットランド王の娘として生まれたメアリーは、1542年、父の死により生後6日で女王に即位し、スコットランドのメアリー1世となります。もちろん、それは形だけの即位で、実務は摂政《せっしょう》が執り行っていました。

1558年4月、スコットランド女王メアリー1世は、フランス王国の王太子フランソワ2世（父の死で翌年に即位）と結婚します。同年11月にエリザベス1世がイングランド女王に即位すると、フランスは、エリザベス1世には女王の資格がなく、フランス王妃メアリーこそがイングランドの正統な王位継承者だと抗議しました。スコットランド女王でもあるフランス王妃メアリーがイングランド女王となれば、フランスがスコットランドとイングランドを支配下に置ける、という政治的な理由です。当時のスコットランドとフランス王国はカトリックなので、聖公会を選んだエリザベス1世との宗教的な対立もありました。ローマ教皇は当然ながらフランスの主張を支持し、「スコットランドのメアリー1世こそがイングランド女王である」と認めていました。

しかし、1560年、フランソワ2世は16歳の若さで早逝し、メアリー1世は故郷スコットランドに帰国します。スコットランドではプロテスタントが勢いを増しており、女王メアリー1世はカトリックとプロテスタントの共存の道を模索します。

1565年、メアリー1世は、従弟のヘンリー・ステュアートと結婚しました。イングランド女王メアリー1世と区別する意味もあり、メアリー・ステュアートと呼ばれることも多くあります。メアリー・ステュアートは最初は夫ヘンリーを愛していましたが、傲慢な性格の夫に嫌気がさし、音楽家のデイヴィッド・リッチオを愛人にします。メアリー・ステュアートが懐妊すると、リッチオの息子ではないかとの噂が立ちました。リッチオを目の前で殺害されたメアリー・ステュアートは流産しそうになりますが、無事に産んだ子供が、のちのスコットランド国王ジェームズ6世です。

1567年、ヘンリー・ステュアートの変死体が教会の中で発見され、妻メアリーとその新しい愛人の貴族が犯人と見なされました。メアリー・ステュアートはスコットランド軍に逮捕され、退位させられます。スコットランドから逃亡したメアリー・ステュアートは、最終的にイングランドのエリザベス1世のもとへ逃げ込みます。エリザベス1世は、メアリー・ステュアートを監視下に置き身の安全を保証しましたが、メアリーによる数度の謀反が発覚。エリザベス1世は、メアリー・ステュアート本人の謀反の意思には懐疑的でしたが、忠臣たちを黙認する形で処刑を許可しました。

「メアリー、あなたを殺したくはなかった……でも、仕方ない。さようなら」

エリザベス1世によるメアリー・ステュアート処刑は、近隣諸国の反発を買いましたが、その対立から勃発したアルマダの海戦で、イングランドがスペインを破ることにつながりました。スペインの艦隊は本国では「神に祝福された『至福の艦隊』だ」と呼ばれていましたが、勝利したイングランドによって「スペインの『無敵艦隊』をも撃破したわれわれが最強だ」と揶揄《やゆ》されます。イングランドは相手国スペインを「無敵」と持ち上げて、それに勝った自分たちはさらに上位だと示したのです。「太陽の沈まぬ王国」とまで言われたフェリペ2世のスペイン黄金時代は終わり、エリザベス1世によってイングランドの黄金時代が開幕しました。

エリザベス1世の統治下で処刑されたカトリック信徒の数は、彼女の異母姉メアリー1世が処刑したプロテスタント信徒と、最終的には、ほぼ同数になりました。イングランド繁栄の裏には、ふたりの血まみれの女王の、波乱に富んだ人生があったのです。

第5章

全世界に広がる福音宣教の愛憎劇

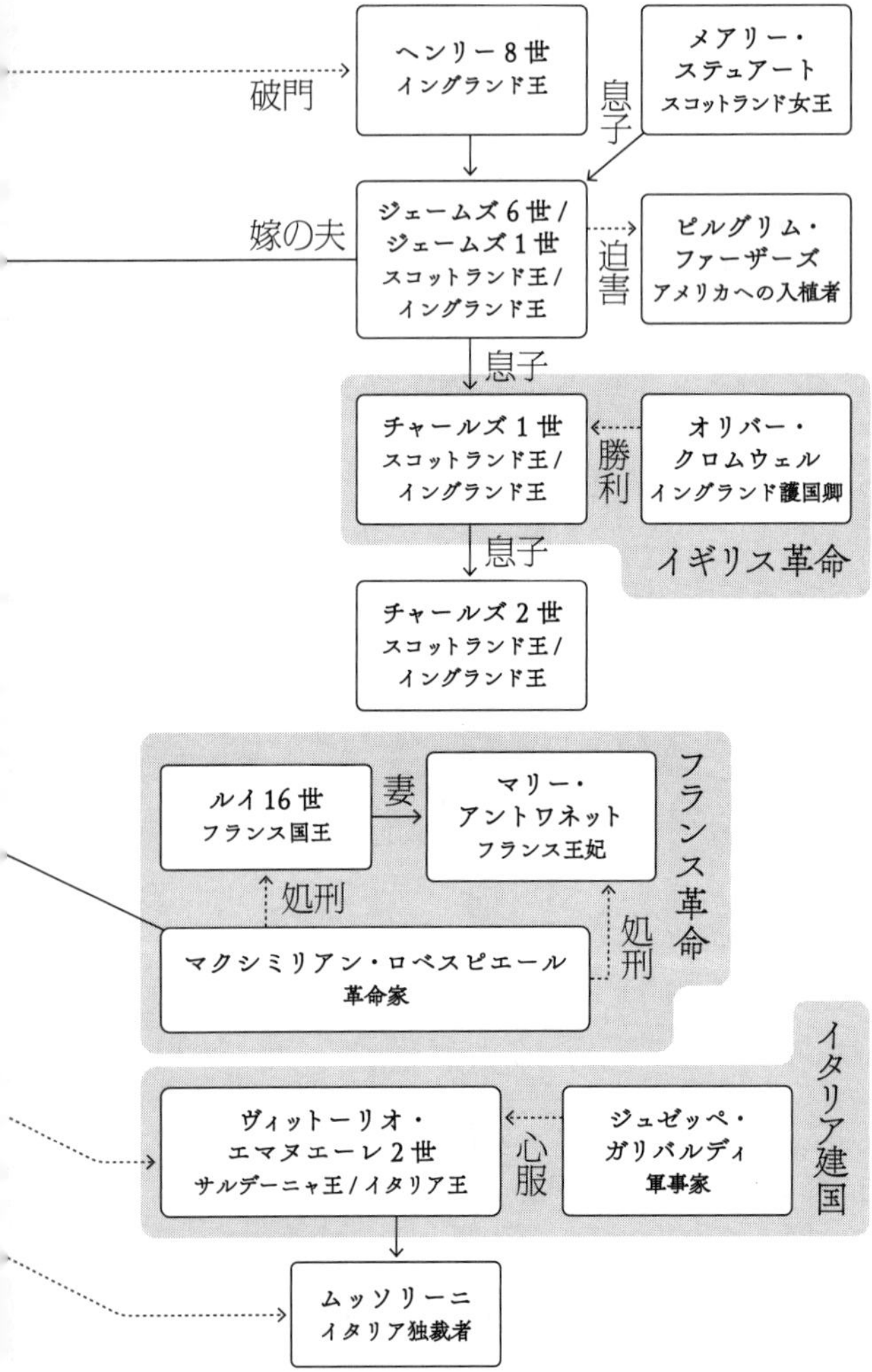
破門
ヘンリー8世
イングランド王
息子
メアリー・
ステュアート
スコットランド女王
嫁の夫
ジェームズ6世/
ジェームズ1世
スコットランド王/
イングランド王
迫害
ピルグリム・
ファーザーズ
アメリカへの入植者
息子
チャールズ1世
スコットランド王/
イングランド王
勝利
オリバー・
クロムウェル
イングランド護国卿
息子
イギリス革命
チャールズ2世
スコットランド王/
イングランド王
ルイ16世
フランス国王
妻
マリー・
アントワネット
フランス王妃
フランス革命
処刑
処刑
マクシミリアン・ロベスピエール
革命家
イタリア建国
ヴィットーリオ・
エマヌエーレ2世
サルデーニャ王/イタリア王
心服
ジュゼッペ・
ガリバルディ
軍事家
ムッソリーニ
イタリア独裁者

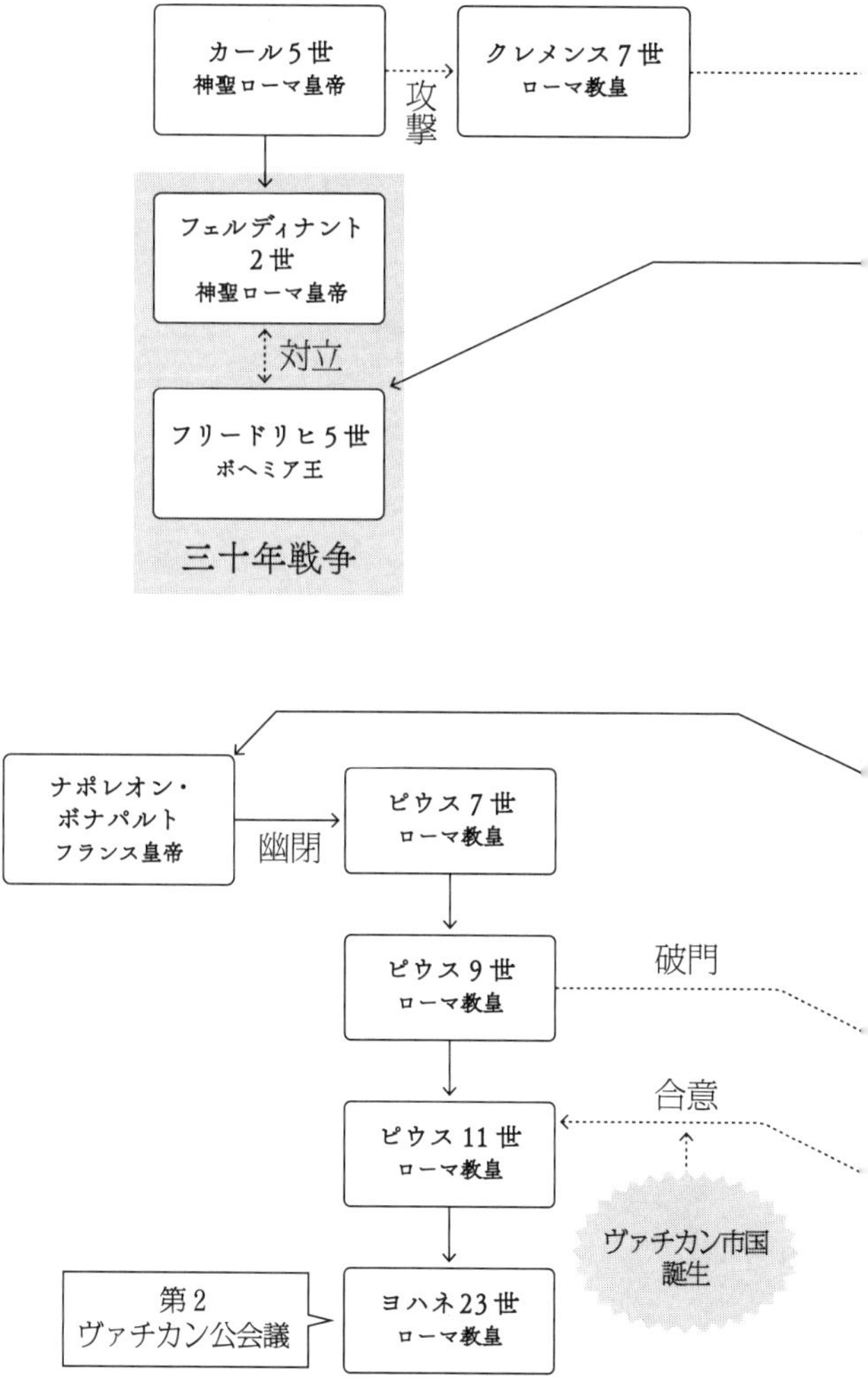
カール5世
神聖ローマ皇帝
攻撃
クレメンス7世
ローマ教皇
フェルディナント2世
神聖ローマ皇帝
対立
フリードリヒ5世
ボヘミア王
三十年戦争
ナポレオン・ボナパルト
フランス皇帝
幽閉
ピウス7世
ローマ教皇
ピウス9世
ローマ教皇
破門
ピウス11世
ローマ教皇
合意
ヴァチカン市国誕生
第2
ヴァチカン公会議
ヨハネ23世
ローマ教皇

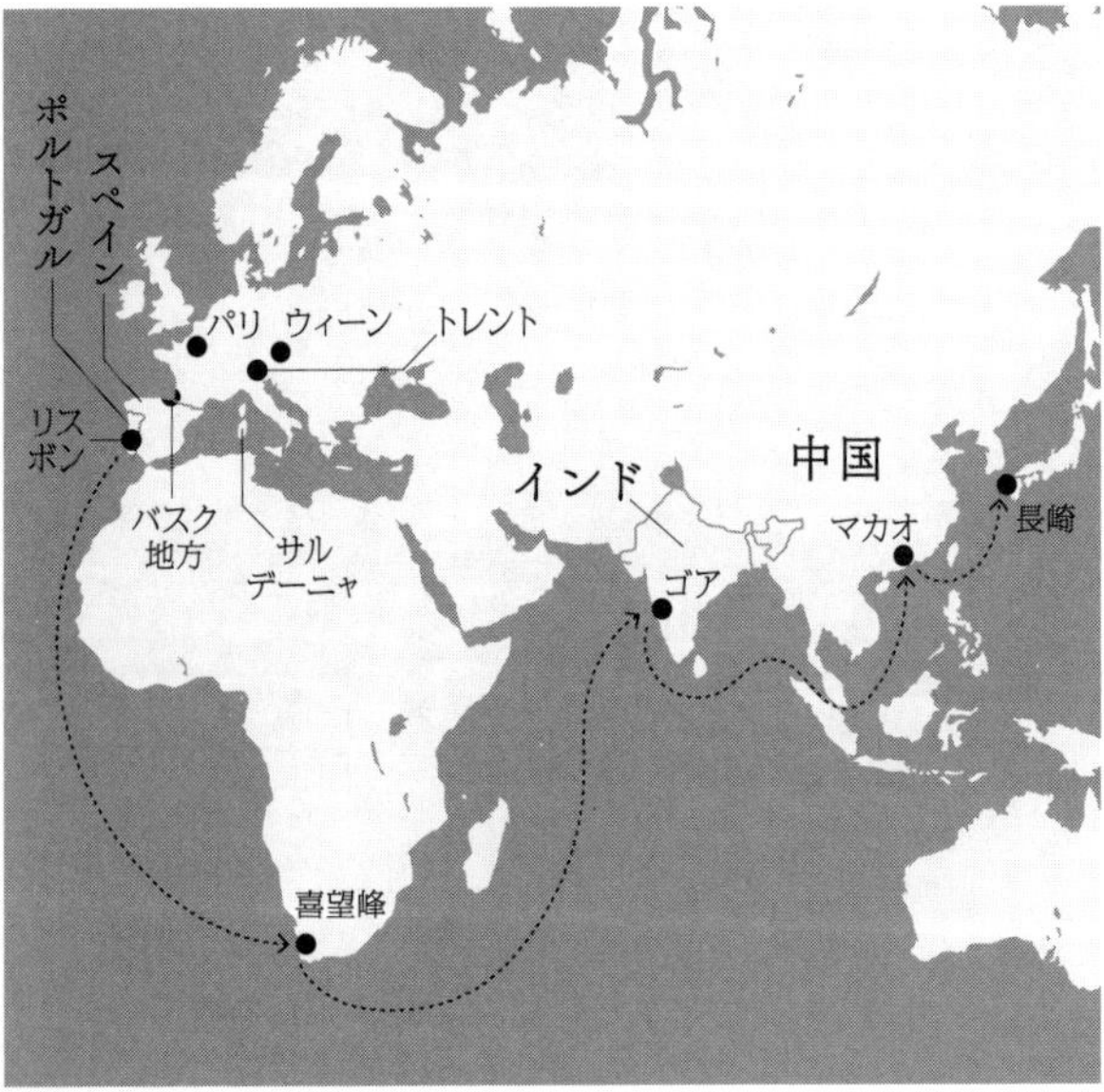
ポルトガル
スペイン
パリ
ウィーン
トレント
リスボン
バスク地方
サルデーニャ
インド
中国
マカオ
長崎
ゴア
喜望峰

新天地の征服により布教も広がる

ビザンティン帝国とも呼ばれる東ローマ帝国は、1453年、イスラム勢力のオスマン帝国に滅ぼされ、1000年以上続いた歴史に終止符を打ちました。かつてローマ帝国が支配した地中海沿岸地域の東半分がオスマン帝国に掌握《しょうあく》されたことで、ヨーロッパのキリスト教国はアジアとの交易が自由にできない状況となってしまいます。

その一方、現在スペインとポルトガルのある、8世紀以降ずっとイスラム勢力に支配されていたイベリア半島は、時間の経過とともにカトリック勢力が次第に優勢となります。1492年、スペインがイベリア半島のイスラム勢力を打倒したことで、いわゆるレコンキスタ（国土回復運動あるいは再征服戦争）は完了。ポルトガルとスペインの王国が盤石となったこの時代、造船技術の発達と中国からの羅針盤の伝来によって、遠洋への航海が可能となりました。かつて、世界は平らで水平線の果てでは滝のように水が虚空に落ちていると広く信じられていましたが、どうやら地球は丸いらしく、同じ方向に航海し続ければ同じ場所に戻ってこられるはず、と人々が信じるようになったことも大きな意識の変化でした。どんなに遠くまで航海しても壊れない船があり、位置を正確に知ることのできる羅針盤があれば、世界のあらゆる場所を探検できるのです。

ポルトガルとスペインは、地中海の西端に位置しているため、東側にある諸国ほど地中海貿易の恩恵にあずかれていませんでした。オスマン帝国の台頭で地中海の東側の自由が奪われたことにより、ポルトガルとスペインは、東ではなく西へ——未知なる外海へ——希望を見出しました。世に言う「大航海時代」の本格的なはじまりです。

「地球が丸いなら、西を目ざせば、インドへ着くはず。新たな航路の開拓だ！」

インドを目ざして西へ旅立ったコロンブスは、１４９２年、ヨーロッパ人にとっての新大陸であるアメリカを発見しました。彼らは、そこをインドだと誤解したことから、先住民たちは、インディアン（インド人）と呼ばれるようになります。

また、１４９７年にポルトガルのリスボンから船出したヴァスコ・ダ・ガマは、アフリカ大陸最南端の喜望峰《きぼうほう》を経由して、インドに至る航路を確立します。彼らがインドを重視したのは、そこで手に入る香辛料が、食物の腐敗を防ぐのに役立つことがわかったからでした。現在はスーパーなどで安価で購入できる香辛料（特に胡椒）は、大航海時代においては、金や銀と同じくらい貴重だとされていたのです。

インドのゴア、中国のマカオなどの良港が貿易の拠点となり、ヨーロッパの商人たちが多く押し寄せました。それらの船にはカトリック教会の宣教師も同乗していました。16世紀の宗教改革以後、ヨーロッパではプロテスタント勢力の台頭が目ざましく、彼らを改宗させることは現実的には難しいので、新たな信徒を獲得したいカトリック教会は、ヨーロッパから押し出された形で、新天地アジアに可能性を求めていたのです。

「アジアなど未開の土地には、キリスト教をまだ知らない人たちがたくさんいる。彼らに福音を伝えられるなら、いのちの危険など、なにも恐れることはない」

宣教師の使命感と商人の貪欲さが原動力となり、ポルトガルとスペインは、たちまち全世界へ航路を拡大し、ローマ教皇の承認を得て、地球を東西に2分割してそれぞれが支配するという身勝手な条約を締結したほどでした（1494年のトルデシリャス条約と1529年のサラゴサ条約）。ポルトガルとスペインの2国だけで世界を分割支配できると慢心してしまうほど大航海時代の熱気は凄まじかった、とも言えます。

ポルトガルとスペインは未開拓の土地を次々に侵略し、殺人や略奪を行《おこな》い、現地人を奴隷として連行する一方、各地に教会を建て、布教を進めました。その影響により、特に南米では今も、ポルトガル語とスペイン語が話されています。大航海時代にキリスト教は全世界に浸透し、ついに、極東の島国・日本にまで到達しようとしていました。

厳格な修道会の宣教師が各地で布教

ヨーロッパ各地で勢いを増すプロテスタント教会に対抗するために、カトリック教会の内部でも、のちに「対抗宗教改革」と呼ばれる変革の波が起き始めていました。

フランスとスペインにまたがるバスク地方で生まれたイグナチオ・デ・ロヨラは、騎士としての戦闘中に負傷し、療養していた時期にイエス・キリストやカトリックの聖人たちについて深く考えるようになりました。体調が回復したあと、ロヨラは洞窟での精神修行中に神の啓示を受け、彼が独自に開発した霊的修行法を記した著書『霊操《れいそう》』を完成させ、この本は、現在でもカトリック教会の重要な教本となっています。

その後、パリ大学で神学を学ぶロヨラは、同郷のフランシスコ・ザビエルたち6人の同志と出逢います。1534年8月15日、彼ら7人はパリのモンマルトルの丘で、神に生涯のすべてを捧げる誓いをします。これが修道会「イエズス会」の誕生となります。

「キリスト教を全世界に伝えるために、われらは、いかなる危険も恐れない」

イエズス会の同志たちは清貧や貞潔で自分たちを厳しく律することを誓い、たとえ母国に2度と帰れなくとも、福音宣教のために地の果てまで出向く覚悟をしていました。

当初、インドや東アジア方面に赴く予定だった者が病で倒れ、代わりに担当者となったフランシスコ・ザビエルが、1549年8月15日、日本にキリスト教を伝えました。

日本におけるキリスト教布教の歴史は、宣教師のルイス・フロイスが大著『日本史』の中で詳細に書き遺しています。1563年に日本初のキリシタン大名となった九州の戦国武将・大村純忠《すみただ》の領土は「キリシタンの王国」となり、当時日本に15万人いたキリシタンのうち、10万人が純忠の領土で暮らしていました。純忠は長崎を国際貿易港として開港し、大友宗麟《そうりん》、有馬晴信らと天正遣欧少年使節《てんしょうけんおう》をローマに派遣します。

1584年、2年半の航海を経てポルトガルのリスボンに到着した天正遣欧少年使節は、現代のアイドルのようにヨーロッパ各地で熱烈に歓迎されたことが、さまざまな絵画や文書に遺されています。当時のヨーロッパでは、プロテスタント勢力がカトリックを圧倒していました。カトリック教会は「極東の島国の少年たちが、いのちがけでローマ教皇に会いにやって来た」と大々的に宣伝することで、ローマ教皇とカトリック教会の権威を高めたかったのです。そのような事情があったとはいえ、天正遣欧少年使節が大きな成果を出したことは事実です。しかし、彼らがヨーロッパで刺激に満ちた旅行を満喫しているあいだに、日本ではキリスト教不遇の時代が始まっていました。

豊臣秀吉が天下人となると、伴天連《バテレン》追放令が出されました。1590年に帰国した天正遣欧少年使節は、翌年、京の聚楽第《じゅらくだい》で秀吉から歓待されますが、その後の彼らは、ある者は棄教し、ある者は殉教するなど、悲劇的な余生を過ごしました。

1597年、秀吉の命令により、長崎でクリスチャン26人が磔《はりつけ》にされます（日本二十六聖人）。徳川幕府がキリシタン弾圧を強めた江戸時代にも、1622年に長崎で55人が（元和《げんな》の大殉教）、1623年には江戸で50人が処刑されました（江戸の大殉教）。

18年に及ぶ公会議で信仰分裂が確定

マルティン・ルターたち宗教改革のプロテスタント勢力は、カトリック教会の教義を見直す公会議の開催を求めていました。そうした声がありながら、なかなか公会議が実現しなかったのは、「ローマ教皇の判断より公会議の決定こそを尊重すべきだ」とする主張（公会議主義）に、時の教皇クレメンス7世が断固反対していたからでした。

「カトリック教会の方針を決めるのは、公会議でなく、教皇でなければならない」

また、1527年に教皇がフランスと同盟を結んだことに激怒した神聖ローマ帝国の皇帝カール5世がローマに侵攻し、街を破壊し、略奪や強姦、殺戮などの蛮行（ローマ劫掠《ごうりゃく》）を働きます。サン・ピエトロ大聖堂が馬小屋として使われるほどひどい状況でした。教皇は逃亡したのち、カール5世と和解したものの、ローマはすっかり荒廃し、カトリック教会は歴史上、最大の窮地を迎えていました。そんな最中に離婚騒動を起こしたイングランドのヘンリー8世（176ページ参照）を破門したのも、この教皇です。

続く教皇パウルス3世は、プロテスタント勢力の宗教改革に対抗するためには、公会議を開催するしかない、という考えを持っていました。彼は1537年に公会議の開催を指示したものの、神聖ローマ帝国とフランスの戦争が勃発するなどの問題が相次いで発生し、会議は無期延期となります。その後も教皇が各方面を調整し、ついに公会議が開催されたのは、ルターが亡くなる約1年前の1545年3月のことでした。当時は神聖ローマ帝国の統治下であった（現在はイタリアの）トレントで開催されたのが、トリエント公会議です（トレント公会議とも表記されます）。ペストや教皇の代替わり、神聖ローマ帝国内での反乱などによる中断を幾度も経て、この公会議が終了したのは、最初の集まりから18年が経過した1563年12月です。もちろん、18年間ずっと集まり続けていたわけではなく、その期間中に、合計25回の会議が行われました。

最初は、カトリックとプロテスタントの妥協点を見出すことが目的で、プロテスタントの立場の出席者もいました。ところが、皮肉なことに、議論すればするほどカトリックとプロテスタントの主張の違いが明確になり、両者が決定的に決別するきっかけとなりました。ただし、それは双方にとって必ずしも悪いことではなく、カトリックはプロテスタントから批判されていたいくつかの点を改革できましたし、プロテスタントとしても、カトリックに歩み寄るのは無理だと確認する機会となったのです。

宗教改革の誘因となった免罪符の販売は禁止され、ルターが聖書の正典から除外した7つの書物もカトリックの聖書には第二正典として含めること、また、ヒエロニムスによるウルガタ聖書（96ページ参照）のみをカトリックの公式聖書とする見解も定まりました。この時に定められた教義は、以後、20世紀に第2ヴァチカン公会議が開催されるまでの約400年間、カトリック教会の教えのベースとなります。

信仰対立で最悪の宗教戦争が勃発

神聖ローマ帝国の領邦《りょうほう》（帝国領の一部だが諸侯が支配する地域）のひとつであるボヘミア王国で、事件は起こりました。カトリック信徒のボヘミア王フェルディナント2世が、プロテスタントへの迫害を強めていた1618年のことです。王の使者3人が、プロテスタントによって、プラハ城の3階の窓から投げ落とされました（プラハ窓外放出事件）。地面に干し草があったため3人は助かり、王にプロテスタントの反乱を報告します。これが以後、19世紀以前では最悪の戦争と言われる三十年戦争のはじまりでした。

1619年、フェルディナント2世は神聖ローマ帝国の皇帝に選出されますが、その一方で、プロテスタント同盟は、フリードリヒ5世をボヘミア王に選び、対立が深まります。帝国軍は、すぐに反乱軍を鎮圧しましたが、戦闘の拡大により、ヨーロッパ諸国を巻き込む大きな戦争に発展します。それは、もはや世界大戦と呼べる規模でした。

最初に参戦したプロテスタント国のデンマークは敗北しましたが、同じくプロテスタント国のスウェーデンはフランスの財政支援を受け、一時、勝利します。フランスはカトリック国ですが、宰相《さいしょう》リシュリューの企《たくら》みで、ライヴァルの神聖ローマ帝国を弱体化させるために、宗教的信念より政治的な利益を優先させたのでした。

「神聖ローマ帝国を倒す絶好の機会だ。そのためなら、信仰などどうでも良い」

スウェーデンが国王の戦死で敗退すると、フランスは直接参戦し、プロテスタント国を支援します。三十年戦争の激戦は各国を荒廃させ、財政破綻を招きました。1648年には、ヴェストファーレン条約が結ばれ、カトリックとプロテスタントによる最悪の宗教戦争は終結。この条約は「神聖ローマ帝国の死亡診断書」と呼ばれ、戦後、帝国は300もの領邦国家に分解されます。皇帝は有名無実化しますが、皇帝が自領の統治に専念できるようになったことで、オーストリアは過去最大の発展を始めます。

三十年戦争後のヴェストファーレン体制と呼ばれる新たな国際秩序は、以後、19世紀のナポレオン登場まで持続することになります。神聖ローマ帝国を最終的に解体したのもナポレオンで、それ以後、同帝国の皇位はオーストリア帝国に受け継がれました。

三十年戦争が終結した1648年、オランダは80年に及ぶ反乱（八十年戦争）を経てスペインから独立し、以後、世界一の海洋貿易大国となる黄金時代を迎えます。

迫害から逃れた新大陸で広がる信仰

スコットランド女王であったメアリー1世——メアリー・ステュアートは、1587年、イングランド女王のエリザベス1世に処刑されました（185ページ参照）。メアリー・ステュアートが夫殺害容疑で退位させられたあと、子のジェームズ6世が1歳でスコットランド王に即位。もちろん、政務を代行する摂政が置かれました。1603年にエリザベス1世が崩御すると、スコットランド王ジェームズ6世は、イングランド王としてはジェームズ1世となり、スコットランドとイングランドをひとりで治める最初の王となります。このジェームズ1世の命令で英訳され1611年に刊行された「欽定《きんてい》訳《やく》聖書」は、キング・ジェームズ・ヴァージョンとして現在でも愛されています。ジェームズ1世は、イギリス統一の理念を掲げて「グレートブリテン王」を自称し、英国旗ユニオン・フラッグを初めて使用した王でもあります。また、ジェームズ1世は、「王は神から選ばれた存在であり、権力は神から授かったものだから、王は自分のやりたいようにやれば良いのだ」という「王権神授説《おうけんしんじゅせつ》」を提唱しました。

ジェームズ1世の死後に即位した息子のチャールズ1世は、父と同じく王権神授説に基づいて、ヨーロッパの三十年戦争への支援を強行し、イングランド議会と対立します。また、国内の宗教を聖公会に統一しようとしたことで、ピューリタンたちの激しい抵抗に遭《あ》います。「ピューリタン」というのはカルヴァン派プロテスタントのイギリスでの呼び名で、日本語では「清教徒」とも訳されます。カルヴァン派は、フランスでは「ユグノー」と、オランダでは「ゴイセン」と呼ばれていました。

イングランド議会ができたのは、1199年から1216年に在位し、「イングランド史上もっとも無能な王」とされるジョン王の治世でした。大司教の任命を勝手に行《おこな》ったことでローマ教皇インノケンティウス3世から破門され、大陸にあったイングランドの領土をことごとくフランスに奪われたジョン王は、「失地王」や「欠地王」などと呼ばれ、あまりにも評判が悪いため「2世」を名乗る王が現れず、いまだに名前に「1

世」がついていない異例の王です（通常、2世が現れた時に、遡って初代が1世と呼ばれます）。そんな無能な王に政治を任せられないので、1215年につくられたのがマグナ・カルタ（大憲章）で、それが、のちのイングランド議会の成立につながりました。

時が流れて、17世紀のチャールズ1世の時代、国王派と議会派が対立する中、ピューリタンたちの中で頭角を現したオリバー・クロムウェルは「鉄騎隊」を指揮してチャールズ1世の軍を敗走させました。これがいわゆるイギリス革命――あるいは清教徒革命（ピューリタン革命）です。チャールズ1世の処刑でイギリスは王政を廃止し、共和政となりました。王なきイギリスで、クロムウェルは「護国卿《ごこくきょう》」として、王に代わる独裁者として君臨します。ですが、今度はクロムウェルへの批判が高まり、クロムウェルの死後、チャールズ2世が即位して、あっさり王政が復活することになります。

イギリス本国がエリザベス1世の黄金時代を終えつつあった16世紀末から17世紀初頭にかけて、北アメリカ大陸に新天地を求めて移住するイギリス人が増え始めます。1585年、最初に植民地移住を許可した時の国王がエリザベス1世だったことから、彼女の「ヴァージン・クイーン」の異名に由来して、ヴァージニア植民地が誕生します。これが、現在のアメリカ合衆国のヴァージニア州のはじまりです。最初の入植者は全員が行方不明となりましたが、1607年、入植に適した土地を見つけることに成功し、当時の国王ジェームズ1世の名前を取り、ジェームズタウンと名づけられました。

1620年には、聖公会を国教とするジェームズ1世の迫害から逃れるため、ピューリタンがイギリスから北アメリカ大陸に渡り、彼らは後年、ピルグリム・ファーザーズ（巡礼者の父たち）と呼ばれ、アメリカ人からリスペクトされることになります。日本人には無縁の日ですが、アメリカやカナダで重要な祝日となっているサンクスギヴィング・デイ（感謝祭）は、ピルグリム・ファーザーズの最初の収穫を祝う日です。

なお、本国で宗教的に迫害されて北アメリカ大陸に渡ったのはピューリタンだけではありません。ヨーロッパの国々でプロテスタントの新たな教派を固持して迫害された者たちは、新天地を求めてアメリカ大陸を目ざしました。それら新たなプロテスタントの教派は250を数え、アメリカに根づき、現在まで続いている有名な教派も多くあります。キリスト教信仰の面で、アメリカは最初から「自由の国」としての存在感を発揮していたのです（なお、現在、プロテスタントの教派は世界に約3万3000あります）。

イギリスから北アメリカ大陸の東海岸への入植は1世紀以上の時間をかけて進行し、1732年に13番目のジョージア植民地（現在のジョージア州）が誕生し、アメリカ合衆国の基礎となるこれらの土地は、のちに「13植民地」と総称されるようになります。

北アメリカ大陸に入植していたのはフランスも同じでした。1754年、北アメリカ大陸のフランス人入植者とイギリス人入植者のあいだで戦争が始まります。フランス人と彼らと同盟を結んだ先住民インディアンと戦ったという意味で、フレンチ・インディアン戦争と呼ばれます（ただしインディアンはイギリス側にも味方していました）。

北アメリカ大陸でのフレンチ・インディアン戦争は、ヨーロッパ諸国を巻き込む七年戦争を誘発しましたが、このふたつの戦争は1763年に終結し、イギリス、フランス、スペインのあいだで、北アメリカ大陸東部の土地を分割する方法が決定されました。

1763年まで、イギリス本国は軍事費調達のため、13植民地に対して過酷な税金を課していました。砂糖やお茶、すべての印刷物が課税の対象となりました。フランス軍と戦っているあいだ、13植民地は、その課税にも耐えていましたが、フレンチ・インディアン戦争の終結で、イギリス本国からの無茶な要求に応じる必要はなくなりました。

税を課すイギリス本国と抵抗する13植民地は武力衝突し、両者は決裂します。

1776年7月4日、13植民地はアメリカ独立を宣言（これがアメリカの独立記念日となります）。その後、フランス、スペイン、オランダが13植民地に味方して参戦します。他の周辺国は中立の姿勢を示し、イギリスは孤立。1781年、ヨークタウンの戦いで13植民地が勝利し、アメリカの独立が決定的となります。それまで13植民地で暮らしていたイギリス人が、アメリカ合衆国のアメリカ人となった瞬間でした。

革命後の混乱を終息させた剛腕の皇帝

18世紀のフランスでは、人口の2パーセントの聖職者と貴族は免税特権を有しているのに対して、大多数の平民は重い税を課され、貧しく苦しい生活をしていました。アメリカ合衆国のイギリスからの独立成功は、フランス人にとって大きな希望でした。

1789年、平民たちから成る国民議会は、政治犯が収容されていると思われていたバスティーユ牢獄を襲撃します。この影響により、農民の反乱がフランス全土に広がりました。前年の凶作によりパリで穀物の値段が上がったことに怒った7000人の婦人たちが、雨が降りしきる中をヴェルサイユ宮殿まで行進します。フランス国王ルイ16世は妻マリー・アントワネットの故郷であるオーストリアへ逃亡しようとしますが捕まり、以後は民衆の監視下に置かれます。国民による裁判を経て、1793年、ルイ16世とマリー・アントワネットはギロチンで処刑され、王を置かずに民衆たちが政治を行う共和政へとフランスは移行しました。

フランス革命後、カトリック教会の財産は国が没収し、聖職者は特権的身分を剥奪《はくだつ》されて、公務員となりました。カトリック教会を廃絶する動きが強まる一環として、「人間は神ではなく理性を信仰すべきである」と主張する、「理性の教団」と呼ばれるあやしげなカルト宗教が登場します。フランス革命政府の独裁者となった政治家マクシミリアン・ロベスピエールは、カトリック教会の排除には賛成でしたが、人間の理性を絶対視するカルト宗教「理性の教団」にも反対していました。ですが、人々は、なにか心の支えとなる宗教を必要としていたので、ロベスピエールは「人間は、キリスト教の神ではなく、すべてを超越する最高存在を崇拝すべきである」と個人的な思いつきを提唱し、彼は独裁者であったので国民会議で承認されます。

1794年6月、ロベスピエールは、のちに「最高存在の祭典」と呼ばれる国民大会で、「人間の義務は最高存在に奉仕することである」と宣言しますが、彼が設定した「最高存在」とキリスト教の神の違いは、だれにもよくわかりませんでした。おそらく、本人もよくわかっていなかったでしょう。皮肉なことに、ロベスピエールは「自分は神を否定した」という全能感に酔いしれながら、人間が生まれながらに神を必要とすることを、みずから証明したのです。大会後、ロベスピエールは民衆の支持を失い、翌月にはギロチンで処刑され、奇抜なカルト宗教は、短い寿命を終えて消え去りました。

その後も政治と社会の大混乱が続くフランスでは、「やはり自分たちを統治してくれる強力な王がほしい」という希望が大きくなり、軍人として名を成していたナポレオン・ボナパルトが台頭します。1799年、ナポレオンがクーデターを起こして「統領政府」のトップ（第一統領）に立った時がフランス革命の終結と見なされます。

1801年、ナポレオンはローマ教皇ピウス7世とコンコルダート（政教条約）を結び、これにより、ようやくフランス国内のカトリック教会が復活することになります。

1804年、国民投票での圧倒的な支持を背景にナポレオンは皇帝となります。パリのノートルダム大聖堂で行われた戴冠式には教皇ピウス7世も出席しましたが、ナポレオンは従来のように教皇から戴冠させられるのではなく、みずから帝冠をかぶりました。教皇としては、皇帝ナポレオンの権威を示すために利用された形です。1809年、教皇領を併合したナポレオンを教皇ピウス7世は破門します。教皇は怒ったナポレオンによって幽閉されますが、ナポレオンの失脚後には名声を得ます。ピウス7世は、のちに死に際したナポレオンのために、司祭を派遣する慈悲も見せました。

一時は権力の絶頂を極めたナポレオンでしたが、周辺諸国をことごとく敵に回して君臨し続けるのには限界がありました。ロシア遠征では60万人の兵を喪《うしな》うほどの大敗を喫し、部下の裏切りで退位させられ、追放されます。絶望したナポレオンは自殺を図《はか》り、最期は毒殺されたという説もあり、流刑地で惨めな最期を遂げました。死後は彼の業績が批判されたり、都合良く神格化されたりして、歴史上の伝説となります。ナポレオンは、のちのアドルフ・ヒトラーと同様に、プロパガンダの重要さをよく知っている人物でした。彼は肖像画で英雄として描かれることを重視し、民衆の絶大な支持を集めました。彼が時を超えて現代にまで強い印象を与えるのは、成し遂げた業績だけでなく、多くの肖像画で増幅された美しいイメージの数々も無関係ではないでしょう。
ナポレオンの死後、フランスは革命前の絶対王政に逆戻りすることになります。

領土と権威を失い孤立する教皇の窮地

ローマは古代から政治と文化の中心であり続けてきた重要な都市ですが、イタリアという国が成立するのは、19世紀のことです。イタリア半島は小国がいくつも存在している時期が長く、皇帝ナポレオンに征服されることで、いったんは統一されたものの、ナポレオン失脚後は、それ以前と同様に、複数の小国が並び立つ状況に戻っていました。

19世紀、現在のイタリアの北西部に存在したサルデーニャ王国は、ナポレオン戦争で領土の大半を失ったものの、ナポレオン失脚後、1815年のウィーン会議で領土を回復。ウィーン会議後のヨーロッパ列強は「ウィーン体制」という均衡を保っていましたが、1848年から翌年にかけて「諸国民の春」と呼ばれる自由主義革命の波がヨーロッパを席巻し、立憲君主制国家であるサルデーニャ王国がイタリアを統一する期待が高まります。1859年、フランスの支援を受けたサルデーニャは、オーストリアとの戦争に勝利し、イタリア北部を手に入れます。これにより、イタリア中部の小国は、サルデーニャに統合される選択をしました。この時、サルデーニャ国王ヴィットーリオ・エマヌエーレ2世がローマ以外の教皇領も併合したので、のちに教皇は彼を破門します。

一方、南フランスのニースで生まれたジュゼッペ・ガリバルディは、20代の頃に政治結社「青年イタリア」に加入し、イタリア統一を人生の目標にしていました。初期の政治運動に失敗したのち、南米に渡ってゲリラとして経験を積んだガリバルディは、1860年、1000人の義勇兵を集め、シチリア島を占領します。その後、イタリア半島に渡ったガリバルディの義勇軍は2万5000人にまで増え、ナポリも制圧。快進撃を続けていたガリバルディは、サルデーニャ国王ヴィットーリオ・エマヌエーレ2世に対面すると王の資質に魅了され、彼が征服した地域をすべて王に差し出しました。

「皆の者、この方を見よ！　ここにイタリア国王となるべき方がおられる！」

イタリア半島の大部分がサルデーニャ王国の支配下に置かれ、1861年、ヴィットーリオ・エマヌエーレ2世は国民議会から初代イタリア国王に選出されました。

イタリア統一は、それまでローマ教皇が保持してきた教皇領の消滅をも意味していました。教皇ピウス9世は1869年に第1ヴァチカン公会議を開催し、自身の存在感をアピールしますが、1871年には教皇領の廃止が決定され、ローマはイタリア王国の首都となります。すべての教皇領を失ったピウス9世は「ヴァチカンの囚人」を自称してヴァチカン宮殿に立てこもり、以後は生涯、ヴァチカンから出ませんでした。

ピウス9世は、「日本二十六聖人」を列聖した教皇で、1865年に長崎で250年ぶりのカトリック信徒が発見されたことを喜ぶ書簡も遺されています。

ふたつの大戦の狭間で誕生した独立国

1914年7月に第一次世界大戦が勃発し、その翌月に、ローマ教皇ピウス10世は死去しました。さらに翌月、枢機卿になってまだ3カ月のベネディクトゥス15世が新教皇に選出されます。彼は、世界大戦の混迷にどう向き合うかという課題を突きつけられました。この時点においても、ローマ教皇は依然として教皇領を持たない存在でした。

「この戦争は『ヨーロッパの自殺』である。今すぐ、戦いをやめねばならない」

1914年のクリスマス、教皇は休戦を各国に呼びかけますが、当時は教皇の影響力が地に墜《お》ちていたので、耳を貸す国はありませんでした。教皇はローマ教皇庁の中立を主張した上で、和平調停を試み続けますが、すべての努力が無駄に終わります。

それでも、ベネディクトゥス15世は、占領地の民間人を非占領地に送る交渉や負傷した捕虜の交換などを要求し、一定の成果を出します。捕虜が家族と文通できるように、ヴァチカンが取り扱った個人的書簡は、戦時中に60万通にもなりました。戦後、ベネディクトゥス15世は、飢饉に襲われた国に食糧を輸送し、戦争捕虜の情報収集にも尽力します。そうした努力は戦後に評価され、のちの教皇たちに良い影響を与えました。

第一次世界大戦は1918年に終結し、1922年に就任したローマ教皇ピウス11世は、イタリアのムッソリーニ政権と交渉します。教皇はイタリア王国を認め、イタリア王国はヴァチカンを国として認めるラテラノ条約が1929年に締結されました。「世界最小の国」として知られる現在のヴァチカン市国が誕生したのは、この時です。

その後、ピウス11世は1939年2月に亡くなり、その7カ月後に第二次世界大戦が始まります。新教皇ピウス12世は戦争を批判しますが、第一次世界大戦と同様に、教皇の平和の呼びかけを聞き入れる国は、どこにもありませんでした。そもそも話し合いで矛をおさめられるのなら、最初から戦争にはなっていない、ということでしょう。

ナチスドイツによるホロコースト（ユダヤ人大虐殺）の前でもローマ教皇は無力でしたが、個人レベルでの抵抗はなされました。カトリック司祭のマキシミリアノ・コルベ神父は、1930年から6年間、日本でも宣教しましたが、祖国ポーランドに戻り、修道院で活動していたところをナチスに逮捕され、アウシュビッツ＝ビルケナウ強制収容所に送られます。1941年7月、収容所から脱走した者がいたことへの報復として、ナチスは無作為に選んだ10人の囚人を餓死刑で殺害することにしました。選ばれたポーランド人の若者が「わたしには妻と子がいます。どうか助けてください！」と泣いて懇願するのを聞いたコルベ神父は、「わたしはカトリック司祭で妻も子もいませんので、彼の身代わりになります」と申し出て、了承されます。コルベ神父と他の9人の囚人は餓死牢に入れられましたが、コルベ神父が彼らを大きな慈愛で包んでいたため、そこは聖歌が響き渡る聖堂のように清らかな空間となります。2週間後、コルベ神父を含めた4人がなおも生き残っていましたが、ナチスは薬物を注射して彼らを殺害しました。

コルベ神父は、のちにカトリック教会の聖人に認定され、彼にいのちを助けられたポーランド人男性フランツィシェク・ガヨウィニチェクは、93歳で亡くなるまで、世界中を回り、彼のいのちを救った偉大な聖職者についての講演を続けました。

分裂し統合される教派と危険な異端の拡大

日本におけるキリスト教徒は、徳川幕府による禁教令で、いったん歴史から消えました。ですが、彼ら潜伏キリシタン（隠れキリシタン）は長崎県の五島《ごとう》列島などで信仰を守り続けていました。1865年、長崎で大浦天主堂が開館した翌月、聖堂にいたフランス人宣教師のベルナール・プティジャン神父に、ひとりの女性が近づき、彼女は先祖代々信仰を守り続けてきたカトリック信徒だと告げました（信徒発見）。キリスト教が表の歴史から消えた土地で250年も秘密裏に信仰が守られたのは世界史に類例のない事件で、ローマ教皇ピウス9世は「東洋の奇跡だ」と、神に感謝を捧げました。ピウス9世は、その3年前に彼自身が「日本二十六聖人」を列聖したところで、かつて聖人たちが殉教した土地で信仰が守られたことに、特別な意味が感じられたのです。

しかし、「信徒発見」が確認された当時は、まだ江戸幕府の禁教令が続いている時代であり、逮捕された信徒たちは拷問を受けた末に、流罪となりました（浦上四番崩れ）。この一件で日本は欧米のキリスト教諸国から激しい抗議を受け、明治維新後の1873年、ついに禁教令が廃止され、日本でもキリスト教を自由に信仰できるようになりました。その後、日本各地にキリスト教系の学校（ミッション・スクール、ミッション系大学）や病院が次々に創設されたことも、信仰の広がりにつながりました。

カトリックだけでなくプロテスタントの宣教師も1859年以降に次々と来日し、それぞれの教派の教会が日本に誕生します。1940年には宗教団体法が施行され、宗教団体の設立には文部大臣または地方長官の認可が必要であること、また、認可されるには50以上の教会と5000人以上の信徒が必要と定められました。1941年には、日本のプロテスタントの33の教派が合同して「日本基督《キリスト》教団」が設立されます。

そのようにキリスト教が日本社会にも根づく中で、ノン・クリスチャンからはキリスト教の教派と見なされることがあるものの、カトリックとプロテスタント、東方正教会から「3大異端」あるいは「3大カルト宗教」として敬遠されているのが、「エホバの証人（正式名：ものみの塔聖書冊子協会）」、「モルモン教（正式名：末日聖徒イエス・キリスト教会）」、「旧・統一教会（現在名：世界平和統一家庭連合）」です。これら3団体は、表面的にはキリスト教に似ていますが、正統派キリスト教であるカトリックとプロテスタント、東方正教会の全教派で一致している大前提の教義が異なるため、日本だけでなく全世界で正式に「異端（＝正統派キリスト教ではない）」と見なされています。

キリスト教の神は、かつて正統派キリスト教においてもヘブライ語で「エホバ」と発音されていました。そのため、古い時代に刊行された聖書には「神」を「エホバ」と記しているものがあります。ただし、その後の研究で「神」を意味するヘブライ語の正しい読み方は「ヤーウェ」だと判明し、現在、正統派のキリスト教では「神」を「エホバ」とは呼びません。また、エホバの証人は、正統派キリスト教の大前提である「父と子と聖霊の三位一体」を否定し、イエスは神ではなく天使長ミカエルで、イエスは一本の木に吊るされたと主張し、十字架の象徴も否定します。エホバの証人の信者が輸血拒否をした事件や、戸別訪問による布教は日本でも昔から社会問題となっています。

モルモン教は、創始者ジョセフ・スミス・ジュニアが、天使の啓示で文字の記された黄金の板を発見し、それを翻訳した『モルモン書』を聖典としています。モルモン教では「自分たちは初代教会が復活した、地上で唯一の正統派」で「父と子と聖霊」の神は、三位一体ではなく別個の存在であると説きます。また、多くの教派で認められているタバコやアルコール、ホットドリンクが、モルモン教では禁じられています。

旧・統一教会（彼らを教会と認めない正統派は「協会」と表記します）は、1954年、宗教家・文鮮明によって韓国で創設されました。文鮮明が「新しい真理」を記した原稿に加筆された『原理講論』を、信仰の指標にしています。正統派キリスト教の教義と共通する部分もありますが、「聖書ではイエス・キリストが地上に再臨すると予言されていて、それが文鮮明である」と主張しています。当然ながら、旧・統一教会のほかに、その主張に賛同している団体は存在しません。2022年に安倍晋三元首相を暗殺した犯人が「統一教会に人生を破壊された」と証言したことで、昔から問題視されてきた霊感商法や異常な献金が、ふたたび大きくクローズアップされました。

だれでも神社やお寺に行けば賽銭《さいせん》箱にお金を入れるように、正統派キリスト教においても献金の風習はありますが、すべて任意であり、異常な献金や布教活動が強制されることはありません。逆に言えば、それらの行為（異常な献金や布教活動）を信者に強制している時点で、どんなに巧妙に正体を隠していようとも、それはカルト宗教です。

公会議を経て現代社会に開かれた教会へ

1958年に76歳の高齢で選出されたローマ教皇ヨハネ23世は、在位期間の短い教皇になるだろうと言われていました。実際、在位はわずか5年でしたが、キリスト教の他の教派や他宗教との対話を目ざすエキュメニズム（教会一致促進運動）の理想を掲げ、聖公会や東方正教会との対話を試みます。また、第2ヴァチカン公会議の開催を決定したことで、のちにカトリック教会の聖人と認定される巨大な功績を遺しました。

1962年10月、全世界から集められた2500人以上のカトリック司教が、サン・ピエトロ大聖堂を埋め尽くし、世紀の公会議が始まりました。

「この公会議の目的は、カトリック教会が継承してきた信仰を現代に適応させるために見直し、社会と教会の融和《ゆうわ》をはかることである。世界に満ちるあやまりを糾弾するのではなく、慈悲の心で現代社会の諸問題に対処していく姿勢が望ましいと考えている」

そう述べた教皇ヨハネ23世は、公会議が開幕した翌年――1963年に亡くなりますが、次の教皇パウロ6世のもとで公会議は続けられ、1965年に閉会しました。

この第2ヴァチカン公会議は、トリエント公会議（198ページ参照）以来、400年ぶりの大改革となり、時代に合わなくなっていたカトリック教会の教義や典礼を現代に合わせて刷新しました。それ以前のカトリック教会は、他の教派や他宗教をいっさい認めませんでしたが、多様性を認めるエキュメニズムの精神で、自分たちと違う教派や他宗教にも理解を示すようになりました。かつてカトリック教会のミサは、すべてラテン語で執り行われ、聖書の朗読もラテン語で行われましたが、第2ヴァチカン公会議後は、それぞれの国の言語を用いて良いことになりました。司祭は、以前は会衆に背を向けて司式しましたが、会衆のほうを向くようになりました。また、聖書重視のプロテスタントと違って、かつてカトリックでは信徒が聖書を個人的に読むことを禁じていましたが、信徒の聖書学習を奨励するようになりました。昔は、女性信徒はミサでは帽子かヴェールをかぶるように指導されましたが、自由になりました。かつては、ミサの前夜24時から断食の意味で飲食禁止でしたが、ミサ前1時間だけの飲食禁止で良くなりました。また、日曜だけでなく、土曜の夜にもミサにあずかれるようになりました。

こうした項目が変更される前のカトリック教会は、その旧時代的な風習がかつてプロテスタント教会や他宗教から激しく批判されていました。ですが、カトリック教会は第2ヴァチカン公会議以降も、変化し続ける現代社会に適応するために、シノドス（世界代表司教会議＝世界中の司教が集まる会議）を定期的に開催するなど、より良い改革を常に模索し続けています。改革は現在進行形で続いているのです。

激動の現代社会の中で進化し続ける教会

１９７８年に就任したローマ教皇ヨハネ・パウロ２世は、帰天した２００５年まで、在位期間は歴代２番目に長い26年６カ月でした（歴代最長はピウス９世の31年８カ月）。その四半世紀を超える在位期間に合計１２９カ国を訪れ、「空飛ぶ教皇」と呼ばれました。１９８１年には、ローマ教皇として史上初めて日本を訪れて被爆地の長崎と広島を訪問し、「戦争は人間のしわざです」という反戦メッセージを日本語で発しました。

日本を訪問した直後の１９８１年５月13日、ヨハネ・パウロ２世はサン・ピエトロ広場で銃撃され重傷を負いますが、奇跡的に一命を取りとめます。これは１９１７年、ポルトガルのファティマに聖母マリアが最初に出現したのと同じ日付でした。聖母マリアは昔から全世界で無数に目撃談が報告されていますが、カトリック教会が公認しているものは、ごく一部です。「ファティマの聖母」は公認された奇跡のひとつで、この時に聖母マリアが子供たちに未来の教皇暗殺未遂事件を告げていたことが、西暦2000年に初めて明かされました。その西暦2000年を「大聖年」と定めたヨハネ・パウロ2世は、カトリック教会が過去に犯したあやまちについて、全世界に謝罪しました。

カトリック教会では、生前に大きな人道的功績のあった者のうち、死後に、その人物に関する奇跡が確認された者をまず「福者《ふくしゃ》」と認定し、さらにもうひとつの奇跡が確認された場合に「聖人」と認定します。あらゆる立場のカトリック信徒が対象となり、一般人が聖人に認定されるケースもあります。どれだけ生前の功績が大きくても、それだけで選ばれることはなく、列聖調査委員会が慎重に調査を行います。亡くなった者が聖人と認定されるまでに最短でも数十年、長ければ数百年かかりますが、教皇ヨハネ・パウロ2世やマザー・テレサ（コルカタの聖テレサ）は、異例の速さで聖人認定されたことでも知られています（ヨハネ・パウロ2世は帰天から列福まで6年、その後、列聖まで2

年。マザー・テレサは、帰天から列福まで6年、その後、列聖まで13年かかりました）。

ヨハネ・パウロ2世のブレーンとして長年、教理省長官を務めていたのが、次に即位した教皇ベネディクト16世です。「学者教皇」と呼ばれるベネディクト16世は、若い頃からカトリック教会の司教たちの中でも突出したその学識に定評がありましたが、ヴァチカン銀行や聖職者たちの相次ぐ不祥事に対処できる気力と体力が尽きたとの理由で、2013年に教皇としては約600年ぶりに生前退位し、名誉教皇となります。

跡を継いだ教皇フランシスコは、南米出身として初の、そしてイエズス会出身として初の教皇であり、その清貧を貫く姿勢で世界から支持されています。彼の行く先々で数万人の大群衆を熱狂させることから、「ロックスター教皇」とも呼ばれています。

2019年、教皇フランシスコは、ローマ教皇として38年ぶりに来日し、長崎県営野球場と東京ドームでミサを行い、被爆地の長崎と広島を訪れ、平和のメッセージを全世界に放ちました。また、東日本大震災の被災者たちとも交流しました。

2020年に始まったコロナ禍と、2022年のウクライナ侵攻に関しても、教皇は国際社会に多くのメッセージを発しています。また、歴代のどの教皇よりも他宗教との対話を重視し、和解と共存共栄の道を積極的に模索し続けています。

あとがき

ＮＨＫの大河ドラマは、毎年の年末に「総集編」と銘打ったダイジェスト版を放送することが恒例となっています。本書『どろどろのキリスト教』は、さしずめ、２０００年を超えるキリスト教の全歴史の「総集編」です。本書に収録している52の愛憎劇は、個々のエピソードをそれぞれ独立した大河小説（大説《たいせつ》）にできるほど本当は背景がより複雑に入り組んでいるのですが、あくまでキリスト教の歴史の全体像を描くことを主眼にしている本書では、いちばん太い幹の部分のみを重視し、枝葉に相当する部分は、かなり大胆に省略しています。「この話をもっと知りたい」というエピソードを見つけられた方は、インターネットで検索すれば関連書籍がたくさん見つかるはずですので、ぜひ探してみてください。

キリスト教の全歴史を本書のようなダイジェストでふり返る時、筆者がいつも思い出すのは、第1章でご紹介した、ユダヤ教の律法学者ガマリエルの言葉です。

「彼らのことは放っておいたほうが良い。もし彼らの計画や行動が人間の思いつきなら、すぐに自滅する。だが、もしそれが神から出たものなら、あなたたちに彼らを滅ぼすことはできない。それどころか、あなたたちは神に敵対することになるのだ」

前作『どろどろの聖書』で描いたように、「民族の父」アブラハムたったひとりから始まったユダヤ教自体、いつ消滅してもおかしくない、地方の民族宗教に過ぎないものでした。似たような民族宗教は過去に無数に存在したはずですが、それらの大半は消滅しました。ユダヤ教もバビロン捕囚の時に消滅する危機に脅かされたものの、ユダヤ人が彼らの宗教を残すために書き記した聖書が、のちにキリスト教とイスラム教を生み出します。最初はユダヤ教の分派にすぎなかった「ナザレ派」は、迫害されるたびに勢力を増して、やがてローマ帝国の国教となり、以後はヨーロッパ史と世界史を動かす人類最大の宗教であり続けてきたのです。

キリスト教とイスラム教――この2大宗教の信徒だけで全人類の約3分の2を占め

ます。どちらもユダヤ教から生まれた兄弟姉妹宗教であることを鑑《かんが》みれば、全人類の大多数がこの唯一神を信じる流れが途切れずに続いてきたのは、歴史的事実です。

本書で描いている通り、キリスト教の歴史は、決して順風満帆だったわけではありません。最大の危機となったのは、イスラム教の台頭でした。8世紀以降、イスラム勢力の大侵攻によって、キリスト教は領土の大部分を失い、そのまま完全に滅ぼされていても不思議はありませんでした。もし跡形もなく滅びていたら、キリスト教は「偽《いつわ》りの教え」であったと後世の人たちから見なされていたでしょう。それは、イスラム教についても言えます。キリスト教から十字軍という逆襲を受けながら、イスラム教も決して滅ぼされませんでした。キリスト教とイスラム教は根深い対立を続けてきましたが、同じ唯一神を信仰する同志として、対話による解決を模索する動きも常にあります。

それは、キリスト教内部における、カトリックとプロテスタントの対立についても当てはまる話です。16世紀、ヨーロッパで爆発的に拡大していたプロテスタントは、カトリックを滅ぼしかねない勢いでした。もしカトリックの王国が崩壊していたら、「プロテスタントこそが正しかったのだ」と後世の人に見なされたでしょう。プロテスタントも常に順境ではなく、教派の分裂を無数にくり返しました。それでも、宗教史においては、東方正教会も含めて、ひとつの「キリスト教」であり続けてきました。

人類が今後、何年続くにしても、おそらく最後の時まで、カトリックもプロテスタントも東方正教会も存在し続けるでしょう。同じく、イスラム教も在り続けるでしょう。カルト宗教と違い、時の洗礼を乗り越えてきたこれら正統派宗教には、本物の迫力があります。それは、日本古来の神道や、大陸から伝来した仏教にも当てはまる話です。

筆者は、父方の祖母の代まで西宮神社の宮司の家系という出自のため、クリスチャンになる決心は、それなりに大きなものでした。いったんクリスチャンとなる決意を固めたあとは、キリスト教を信仰することへの迷いはゼロでしたが、カトリックとプロテスタントのどちらを選ぶのかという選択には、丸3年を要しました。逡巡《しゅんじゅん》した理由として、双方の立場を勉強した結果、カトリックとプロテスタント、どちらの言いぶんも非常に筋が通っていて、それぞれの中で論理が成立していることがわかったからです。

一例として、プロテスタントが聖母マリアの聖性を否定するのは、新約聖書に「イエスの兄弟」という記述があり、神の力で処女でありながら身ごもりイエスを産んだあと、マリアは夫ヨセフとのあいだに子を儲《もう》けた（それによって聖性を喪《うしな》った）と考えるからです。一方、カトリックも「イエスの兄弟」というフレーズは当然ながら承知していますが、聖書の原語では、この「兄弟」は「親戚」も示す単語であり、実際、アブラハムが甥のロトを示す時にも使われている単語であることから、「イエスの兄弟」という記述は実際には「イエスの親戚」である（聖母マリアは終生処女のままで聖性を保った）と考えます。この問いに関して、どちらの説が事実であるかを証明することは、だれにもできません。可能なのは、「自分の判断で、どちらかを選ぶ」ことだけです。聖母マリアの問題だけでなく、他の教義についても、基本的には同じです。人は、自分の信じていることが唯一の真理であってほしい、と願ってしまいがちな生き物ですが、「自分たちが正しいはずだから、相手は間違っている」というスタンスが無数の宗教戦争のもととなってきたことは、本書でも描いている通りです。

カトリックとプロテスタントの両方を今も学び続けている身として、筆者は自分にはカトリックが合っていると心から信じていますが、プロテスタントを否定する気持ちは毛頭ありません。プロテスタントのほうがご自分に合っている、という方がいらっしゃることも理解しているからです。イスラム教や神道や仏教を信じる方たち、そして、「神はいない」という発言をされる方たちにも、まったく同じ気持ちがあります。

日本人には、ご自分を「無宗教」だと捉えていらっしゃる方が多い、という印象があります。ですが、はたして無宗教という離れわざは、本当に可能なのでしょうか？　その人が亡くなった時、なにかの宗教でお葬式をするなら、あるいは、なにかの問題を抱えている時に神仏にすがることがあるのなら、もはや無宗教ではありません。自分の愛する人がいのち懸《が》けの大手術をする際、「神仏はいない。すべて運だ」などと割り切った考え方を持てる人は滅多にいないでしょうし、いるとすれば、恐ろしい冷血漢です。

また、「いかなる宗教も信じない」、「科学で証明できることしか信じない」という姿勢は、いわば「宗教拒絶教」、「科学崇拝教」とでも言うべき一種の宗教である点も指摘できます。もし本当に「無宗教」というものがありうるのだとすれば、それは、「なにも信じない」という「なにも信じない教」ではなく、「いろんな宗教を信じたり、信じなかったり気分次第」「お願いごとがある時だけ、神様仏様頼み」という、ものすごくフワフワした状態を示すのかもしれません。確かに、お正月は神社に初詣し、お盆は墓参り、さらにクリスマスも祝うという日本人の特殊な宗教観のことを考えると、「無宗教」と呼べる条件に当てはまる方は、決して少なくないのかもしれません。

いろんな年齢層のさまざまな立場の方と筆者が対話してきた中で、強く印象に残っているのは、おもに男性ですが、「わたしは死ぬのは怖くありません」「わたしは神仏を信じない無宗教です」とおっしゃる方が少なくない、ということです。わざわざ宣言する必要はないのに、あえてそうクチにされたことから、筆者は「本当は、死ぬのが怖いんだろうな」「本当は、なにかを信じてみたいんだろうな」と想像しました。

死ぬのが怖くない――と嘯《うそぶ》いている方が、熱心に人間ドックに通い、いろんなクスリやサプリメントを服用されている例もあります。そうしたケースを否定するわけではありません。ただ、「死ぬのが怖くない」と、本心と異なることを、ご自分に言い聞かせるかのように、あえて宣言しているような印象を受けるのです。宣言するのは、それ(＝死)を見つめたくない強い恐怖の裏返しではないかと。

無宗教です――と言いながら毎年の初詣や墓参りを欠かさず、厄除け祈願をし、お札《ふだ》やお守りを大切にされている方たちのことも知っています。批判するわけではありません。そこまで自然に、心地よく宗教が日々の生活に溶け込んでいるのに、無理をして否定されなくても良いのではないでしょうか、と申し上げたかったのです。

「死ぬのは怖くない」「宗教を信じない」と表明することで、「死をも恐れない無頼漢《ぶらいかん》」として他者から畏怖《いふ》されたい方も、いらっしゃるかもしれません。ですが、それはバブル経済の絶頂で日本中が狂騒していた昭和期だからこそ成立した、時代遅れのノリではないでしょうか。確かに、平成より昔には無頼派がカッコイイと錯覚されていた時代もありましたが、令和の世には、無頼の徒《と》はコンプライアンスで完全にアウトです。

少なくとも筆者は、「わたしは死ぬのが怖いので、なにか信じられる宗教にすがりたいです」と素直に不安を告白される方のほうが信頼できますし、共感します。どれだけ宗教を否定してみたところで、だれも死ぬ時には宗教から逃れられないのですから。

日本人の宗教アレルギーは、定期的に発生するカルト宗教による危険な事件が無関係でないことも理解しています。本書では当初、カルト宗教に触れる予定はありませんでしたが、安倍晋三元首相のショッキングな暗殺事件から旧・統一教会をめぐる問題がクローズアップされて、編集部の強い要請により、カルト宗教についても加筆しました。

カルト宗教も、他人に迷惑をかけないのなら、信じるのは個人の自由です。ただし、選択する上で正しい知識があったほうが良いので、本書で、ひとりでも多くの方にカルト宗教と正統派キリスト教の違いを知っていただけることを、期待しています。

最後に、前作『どろどろの聖書』が誕生するきっかけをつくってくださった幻冬舎の茅原秀行さんと、「どろどろ」シリーズ2部作の可能性を信じて実際に形にしてくださった朝日新聞出版の齋藤太郎さん、また、教派や宗教の壁を越えた「いのり☆フェスティバル」の対談でお世話になった藤枝暁生さんに、特に記して御礼申し上げます。

ご多忙な中、本書に推薦の言葉を寄せてくださった宮台真司先生と、「キリスト新聞」編集長の松谷信司さん。また、プロテスタントの立場から、あたたかいエールを贈ってくださる善き理解者の島田恒先生と波勢邦生さんにも、心から感謝しています。日頃、貴重なご助言や激励メッセージをくださる、来住英俊神父様、高祖敏明神父様、赤岩聰神父様。そして、筆者が所属するカトリック高輪教会の親愛なる兄弟姉妹、特に、土曜ミサ奉仕者グループの皆さんと、江戸の殉教者400周年記念祭の実行委員の諸先輩方には大変お世話になりました。

神様の恵みと平和が、いつも皆様とともにありますように。

２０２２年10月４日　アッシジの聖フランシスコの記念日に

清涼院流水　拝

主要参考文献

『キリスト教史　上巻　初代教会から宗教改革の夜明けまで』フスト・ゴンサレス著　石田学訳　新教出版社
『キリスト教史　下巻　宗教改革から現代まで』フスト・ゴンサレス著　石田学、岩橋常久訳　新教出版社
『これだけは知っておきたいキリスト教史』J・ゴンサレス著　金丸英子訳　教文館
『キリスト教史1　初代教会』ジャン・ダニエルー著　上智大学中世思想研究所編訳・監修　平凡社ライブラリー
『キリスト教史2　教父時代』H・I・マルー著　上智大学中世思想研究所編訳・監修　平凡社ライブラリー
『キリスト教史3　中世キリスト教の成立』M・D・ノウルズほか著　上智大学中世思想研究所編訳・監修　平凡社ライブラリー
『キリスト教史4　中世キリスト教の発展』M・D・ノウルズほか著　上智大学中世思想研究所編訳・監修　平凡社ライブラリー
『キリスト教史5　信仰分裂の時代』ヘルマン・テュヒレほか著　上智大学中世思想研究所編訳・監修　平凡社ライブラリー
『キリスト教史6　バロック時代のキリスト教』ヘルマン・テュヒレほか著　上智大学中世思想研究所編訳・監修　平凡社ライブラリー
『キリスト教史7　啓蒙と革命の時代』L・J・ロジエほか著　上智大学中世思想研究所編訳・監修　平凡社ライブラリー
『キリスト教史8　ロマン主義時代のキリスト教』B・ド・ソーヴィニーほか著　上智大学中世思想研究所編

訳・監修　平凡社ライブラリー
『キリスト教史9　自由主義とキリスト教』ロジェ・オーベールほか著　上智大学中世思想研究所編訳・監修　平凡社ライブラリー
『キリスト教史10　現代世界とキリスト教の発展』J・T・エリスほか著　上智大学中世思想研究所編訳・監修　平凡社ライブラリー
『キリスト教史11　現代に生きる教会』ヨセフ・ハヤールほか著　上智大学中世思想研究所編訳・監修　平凡社ライブラリー
『キリスト教の歴史　増補新版』斎藤正彦著　新教出版社
『キリスト教の歴史1　初期キリスト教~宗教改革』松本宣郎編　山川出版社
『キリスト教の歴史2　宗教改革以降』高柳俊一、松本宣郎編　山川出版社
『エウセビオス「教会史」』上下巻　エウセビオス著　秦剛平訳　講談社学術文庫
『キリスト教の歴史』小田垣雅也著　講談社学術文庫
『キリスト教史』藤代泰三著　講談社学術文庫
『使徒教父文書』荒井献編　講談社文芸文庫
『ローマ教皇歴代誌』P・G・マックスウェル・スチュアート著　高橋正男監修　創元社
『キリスト教の歴史　2000年の時を刻んだ信仰の物語』マイケル・コリンズ、マシュー・A・プライス著　間瀬啓允、中川純男日本語版監修　BL出版
『キリスト教の歴史　現代をよりよく理解するために』アラン・コルバン編　浜名優美監訳　藤本拓也、渡辺優訳　藤原書店

『読むだけでわかるキリスト教の歴史』青木保憲著　イーグレープ
『キーワードでたどるキリスト教の歴史』林信孝著　日本キリスト教団出版局
『よくわかるキリスト教の教派』今橋朗、徳善義和著　キリスト新聞社
『キリスト教からよむ世界史』関眞興著　日経ビジネス人文庫
『なんでもわかるキリスト教大事典』八木谷涼子著　朝日文庫
『カトリックとプロテスタント　どのように違うか』ホセ・ヨンパルト著　サンパウロ
『カトリックとプロテスタント　どこが同じで、どこが違うか』徳善義和、百瀬文晃編　教文館

清涼院流水　せいりょういん・りゅうすい
1974年、兵庫県生まれ。作家。英訳者。「The BBB（作家の英語圏進出プロジェクト）」編集長。京都大学在学中、『コズミック』（講談社）で第２回メフィスト賞を受賞。以後、著作多数。TOEICテストで満点を５回獲得。2020年７月20日に受洗し、カトリック信徒となる。近著に『どろどろの聖書』（朝日新書）など。

朝日新書
891

どろどろのキリスト教《きょう》

2022年12月30日第１刷発行

著　者　清涼院流水

発行者　三宮博信
カバーデザイン　アンスガー・フォルマー　田嶋佳子
印刷所　凸版印刷株式会社
発行所　朝日新聞出版
〒104-8011　東京都中央区築地5-3-2
電話　03-5541-8832（編集）
　　　03-5540-7793（販売）

Published in Japan by Asahi Shimbun Publications Inc.
ISBN 978-4-02-295199-1
定価はカバーに表示してあります。
落丁・乱丁の場合は弊社業務部（電話03-5540-7800）へご連絡ください。
送料弊社負担にてお取り替えいたします。